İçinde bulunan tavsiye ve stratejiler her durum için uygun olmayabilir. Bu çalışma, ne yazarın ne de yayıncıların bu kitaptaki tavsiyelerden elde edilen sonuçlardan sorumlu tutulmadığı anlayışıyla satılmaktadır; Bu çalışma, okuyucuları Bitcoin konusunda eğitmek içindir ve yatırım tavsiyesi vermeyi amaçlamamaktadır. Tüm resimler yazarın orijinal mülkiyetindedir, resim kaynaklarında belirtildiği gibi telif hakkı yoktur veya mülk sahiplerinin izniyle kullanılır.

audepublishing.com

Telif Hakkı © 2024 Aude Yayıncılık LLC

Tüm hakları saklıdır.

Bu yayının hiçbir bölümü, telif hakkı yasasının izin verdiği incelemelerde yer alan kısa alıntılar ve diğer bazı ticari olmayan kullanımlar dışında, yayıncıların önceden yazılı izni olmaksızın, fotokopi, kayıt veya diğer elektronik veya mekanik yöntemler dahil olmak üzere herhangi bir biçimde veya herhangi bir yolla çoğaltılamaz, dağıtılamaz veya iletilemez.

İlk ciltsiz baskı Eylül 2021.

ISBN 9798486794483 yazdır

Giriş

Bitcoin: Cevaplanmış, genel halk tarafından alınan Bitcoin etrafındaki parçalanmış bilgi ağını çözme girişimidir. Kripto para birimlerine ve Bitcoin'e yönelik kişisel tutumlardan bağımsız olarak (çoğu incelenmeyenler için ya aşırı iyimser ya da aşırı alaycı), kripto para biriminin erişimi öyle bir oranda artıyor ve finansal ekosisteme öyle bir oranda kuruluyor ki, Bitcoin'in temel tarihini, kavramlarını ve fizibilitesini anlamak çok daha zarar verici. Umarım bu bilgiyi oldukça büyüleyici bulacaksınız; Bitcoin, para ve işlem değeri hakkında tamamen yeni bir düşünme biçiminin ilkiydi. Sonunda, Bitcoin, dijital para birimleri ve blok zincirinin kapsamını anlayacaksınız; Dikkat edilmesi gerektiği gibi, bu sistemlerin birçoğu yalnızca en gevşek duyularda karşılaştırılabilir ve bu tür teknolojilerin potansiyel ve uygulanabilir kullanım durumları, özellikle fiat para birimi ekosisteminin yarım yüzyıl önce para birimlerinin altın standardından çıkarılmasından bu yana çok az değiştiği göz önüne alındığında oldukça şaşırtıcıdır. Tüm kripto para birimlerini Bitcoin ve Bitcoin'i bir uç balon olarak düşünmek yanlıştır; Evet, Bitcoin mükemmel olmaktan uzaktır, ancak esasen değerin dijitalleşmesi ve ademi merkeziyetçiliği olan şeyde çok daha fazlası vardır. Bu kitap, tüm bu kavramları ve daha fazlasını "Bitcoin nedir?" ile başlayan basit, soru tabanlı bir formatta ele alıyor. Bilginize göre göz gezdirmekten veya baştan sona okumaktan çekinmeyin; Her iki durumda da, benim ve ekibimin umudu, bu kitaptan Bitcoin'i duygusal, teknik, tarihsel ve kavramsal bir bakış açısıyla anlamanın yanı sıra daha fazla bilgi edinmek için sürekli bir ilgi ve arzuyla ayrılmanızdır. Daha fazla kaynak kitabın arkasında bulunabilir.

Şimdi, asil bilgi arayışı içinde ilerliyoruz.

Kitabın tadını çıkarın.

Bitcoin nedir?

Bitcoin pek çok şeydir: açık kaynaklı, eşler arası küresel bir bilgisayar ağı, bir protokoller koleksiyonu, dijital bir altın, yeni bir teknoloji kovasının ön safları, bir kripto para birimi. Fiziksel olarak; Bitcoin, çeşitli protokoller ve algoritmalar çalıştıran 13.000 bilgisayardır. Kavram olarak Bitcoin, küresel bir kolay ve güvenli işlem aracıdır; demokratikleştirici bir güç ve hem şeffaf hem de anonim bir finans aracı. Fiziksel ve kavramsal arasındaki köprüde, Bitcoin bir kripto para birimidir; herhangi bir fiziksel form olmadan tamamen çevrimiçi olarak var olan bir araç ve değer deposu. Ancak tüm bunlar, "para nedir?" sorusunu sormak ve "kağıt parçaları" yanıtını vermek gibidir.

Yukarıdaki paragrafı okuyan Bitcoin'e aşina olmayan biri, neredeyse kesinlikle cevaplardan daha fazla soruyla karşılaşacaktır; Bu nedenle, "Bitcoin nedir?" sorusu özünde bu kitabın sorusudur ve her bir parçanın analizi yoluyla bütünü anlamayı umabilirsiniz.

Bitcoin'i kim başlattı?

Satoshi Nakamoto, Bitcoin'i yaratan birey veya muhtemelen bireyler grubudur. Bu gizemli figür hakkında pek bir şey bilinmiyor ve anonimliği sayısız komplo teorisi üretti. Nakamoto, resmi bir eşler arası vakıf web sitesinde kendisini Japonya'dan 45 yaşında bir erkek olarak listelemiş olsa da, e-postalarında İngiliz deyimleri kullanıyor. Ek olarak, çalışmalarının zaman damgaları ABD veya Birleşik Krallık'ta bulunan biriyle daha iyi uyum sağlar. Çoğu, ortadan kaybolmasının planlandığına inanıyor (birçoğu çalışmalarını İncil referanslarına bağladı) ve diğerleri, CIA gibi bir hükümet kuruluşunun ortadan kaybolmasıyla bağlantılı olduğuna inanıyor. Bunlar uç teorilerden başka bir şey değildir; Bununla birlikte, Bitcoin'in yaratıcısının şu anda 70 milyar dolardan fazla (1,1 milyon bitcoin'e eşdeğer) bir servete sahip olduğu ve bitcoin yüzde birkaç yüz daha artarsa, kripto para biriminin babası olan bu isimsiz milyarder dünyanın en zengin insanı olacak.

Yukarıdaki görsel, Bitcoin'in genesis ("ilk" anlamına gelir) bloğunu temsil etmektedir. Bitcoin'in kurucuları Satoshi Nakamoto, koda şu şekilde bir mesaj girdi: "The Times 03/Jan/2009 Şansölye, bankalar için ikinci kurtarma paketinin eşiğinde."

---

[1] MikeG001 / CC BY-SA 4.0

Bitcoin'in sahibi kim?

Bitcoin'in "sahip olunduğu" fikri, yalnızca en yaygın anlamda doğrudur. Yaklaşık 20 milyon insan toplu olarak dünyadaki tüm Bitcoin'e sahiptir, ancak Bitcoin'in kendisi bir ağ olarak sahip olunamaz.[2]

---

[2] Teknik olarak, dünya çapında 20,5 milyon insan Bitcoin'de en az 1 dolar tutuyor.

Bitcoin'in tarihi nedir?

Bu, kripto para birimi, blok zinciri ve Bitcoin'in kısa bir tarihidir.

- 1991 yılında, kriptografik olarak güvenli bir blok zinciri ilk kez kavramsallaştırıldı.

- Yaklaşık on yıl sonra, 2000 yılında Stegan Knost, kriptografi güvenli zincirler hakkındaki teorisini ve pratik uygulama fikirlerini yayınladı.

- Bundan 8 yıl sonra, Satoshi Nakamoto, bir blok zinciri için bir model oluşturan bir teknik inceleme (teknik inceleme, kapsamlı bir rapor ve kılavuzdur) yayınladı ve 2009'da Nakamoto, geliştirdiği Bitcoin adlı kripto para birimi kullanılarak yapılan işlemler için halka açık defter olarak kullanılan ilk blok zincirini uyguladı.

- Son olarak, 2014 yılında, blok zinciri ve blok zinciri ağları için kripto para birimi dışında kullanım durumları (kullanım durumları, bir ürün veya hizmetin potansiyel olarak kullanılabileceği belirli durumlardır) geliştirildi ve böylece Bitcoin'in olanaklarını daha geniş bir dünyaya açtı.

Kaç tane Bitcoin var?

Bitcoin'in maksimum arzı 21 milyon jetondur. 2021 itibariyle dolaşımda 18,7 milyon Bitcoin var, bu da dolaşıma sokulacak sadece 2,3 milyon Bitcoin kaldığı anlamına geliyor. Bu sayının 900'ü madencilik ödülleri aracılığıyla her gün dolaşımdaki arza ekleniyor.[3] Madencilik ödülleri, Bitcoin işlemlerini işlemek ve doğrulamak için karmaşık denklemleri çözen bilgisayarlara verilen ödüllerdir. Bu bilgisayarları çalıştıran kişilere "madenciler" denir. Herkes Bitcoin madenciliğine başlayabilir; basit bir PC bile ağdaki bir bilgisayar olan bir düğüm haline gelebilir ve madenciliğe başlayabilir.

---

[3] "Kaç Bitcoin Var? Bana kaç tane kaldı? (2021)."
https://www.buybitcoinworldwide.com/how-many-bitcoins-are-there/.

Bitcoin nasıl çalışır?

Bitcoin ve hemen hemen tüm kripto para birimleri, Blockchain teknolojisi ile çalışır.

Blockchain, en temel haliyle, verileri gerçek blok zincirlerinde depolamak olarak düşünülebilir. Blokların ve zincirlerin tam olarak nasıl devreye girdiğini inceleyelim.

- Her blok, işlemlerin saati, tarihi, tutarı vb. gibi dijital bilgileri depolayacaktır.
- Blok, kriptonuzu tutan bir cüzdan açtığınızda aldığınız bir sayı ve harf dizisi olan "dijital anahtarınızı" kullanarak bir işleme hangi tarafların katıldığını bilecektir.
- Ancak, bloklar kendi başlarına çalışamazlar. Blokların diğer bilgisayarlardan, yani ağdaki "düğümlerden" doğrulanması gerekir.
- Diğer düğümler bir bloğun bilgilerini doğrulayacaktır. Verileri doğruladıktan sonra ve her şey yolunda görünüyorsa, blok ve taşıdığı veriler halka açık defterde saklanacaktır.
- Halka açık defter, ağda şimdiye kadar yapılmış her bir onaylanmış işlemi kaydeden bir veritabanıdır. Bitcoin de

dahil olmak üzere çoğu kripto para biriminin kendi halka açık defteri vardır.

- Defterdeki her blok, kendisinden önce gelen bloğa ve ondan sonra gelen bloğa bağlıdır. Bu nedenle, blokların oluşturduğu bağlantılar zincir benzeri bir desen oluşturur. Böylece bir blok zinciri oluşur.

> Özet: Blok dijital bilgileri temsil eder ve **zincir** bu verilerin veritabanında nasıl depolandığını temsil eder.

Dolayısıyla, önceki tanımımızı özetlemek gerekirse, blok zinciri yeni bir veritabanı türüdür. Aşağıda, ağdaki her bloğun görselleştirilmiş bir dökümü bulunmaktadır.

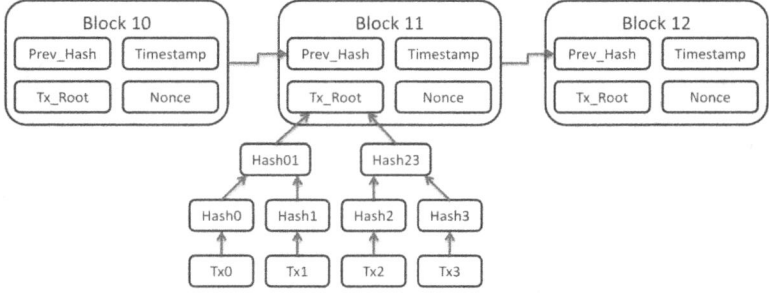

[4]

---

[4] Matthäus Gezinti / CC BY-SA 3.0

Bitcoin adresleri nedir?

Ortak anahtar olarak da bilinen adres, bir banka hesap numarası veya e-posta adresiyle karşılaştırılabilir, kimlik kodu işlevi gören benzersiz bir sayı ve harf koleksiyonudur (örneğin: 1BvBESEystWetqTFn3Au6u4FGg7xJaAQN5). Bununla beraber, blok zincirinde işlem yapabilirsiniz. Adresler temel bir blok zincirine bağlanır; örneğin, bir Bitcoin adresi Bitcoin ağında ve blok zincirinde bulunur. Adresler, adres tanımlama simgeleri (veya basitçe "simgeler") olarak adlandırılan yuvarlak, renkli "logolara" sahiptir. Bu simgeler, doğru bir adres girip girmediğinizi hızlı bir şekilde görmenizi sağlar. Her kripto para gönderdiğinizde veya aldığınızda, ilişkili bir adres kullanacaksınız. Ancak adresler varlıkları depolayamaz; yalnızca cüzdanlara işaret eden tanımlayıcılar olarak hizmet ederler.

Bitcoin Address
1DpQP4yKSGWXWrXNkm1YNYBTqEweuQcyYg
SHARE

Private Key
L4NhQX1DFJpFAJJYAHKkpukerqxtjF1XhvR5J2PQcnDparA2vD9M
SECRET

---

[5] bitaddress.org

Bitcoin node'u nedir?

Düğüm, bir blok zincirinin ağına bağlı bir bilgisayardır ve blok zincirine blokları yazma ve doğrulama konusunda yardımcı olur. Bazı düğümler blok zincirlerinin tüm geçmişini indirir; Bunlara masternode denir ve normal node'lardan daha fazla görev gerçekleştirir. Ek olarak, düğümler hiçbir şekilde belirli bir ağa bağlı değildir; Düğümler, çoklu havuz madenciliğinde olduğu gibi, pratik olarak istedikleri zaman farklı blok zincirlerine geçebilirler. Toplu olarak, Bitcoin ve kripto para birimlerinin tüm dağıtılmış doğasının yanı sıra altta yatan blok zinciri ve güvenlik özelliklerinin çoğu, küresel, düğüm tabanlı bir sistemin konsepti ve kullanımı ile sağlanır.

Bitcoin için destek ve direnç nedir?

Burada, teknik analizi ve Bitcoin ticaretini inceliyoruz: destek, birçok kişi varlığı bu fiyattan satın almaya istekli olduğundan, o varlığın düşme olasılığının daha düşük olduğu bir madeni para veya jetonun fiyatıdır. Genellikle, bir madeni para destek seviyelerine ulaşırsa, yükseliş trendine döner. Bu genellikle madeni parayı satın almak için iyi bir zamandır, ancak fiyat destek seviyesinin altına düşerse, madeni paranın başka bir destek seviyesine düşmesi muhtemeldir. Öte yandan direnç, birçok kişi bunu satmak için iyi bir fiyat bulduğundan, bir varlığın kırılmasını zor bulduğu bir fiyattır. Bazen, direnç seviyeleri fizyolojik olabilir. Örneğin, Bitcoin 50.000 dolarda dirence çarpabilir, çünkü birçok kişi "bitcoin 50.000 dolara ulaştığında satacağım" diye düşünüyordu. Genellikle, bir direnç seviyesi kırıldığında, fiyat hızla yükselebilir. Örneğin, bitcoin 50.000 doları geçerse, fiyat hızla 55.000 dolara tırmanabilir, bu sırada daha fazla dirençle karşılaşabilir ve 50.000 dolar yeni destek seviyesi olabilir.

Bir Bitcoin grafiğini nasıl okursunuz?

Bu büyük bir soru; yanıtlamak için, aşağıdaki bölüm Bitcoin ve diğer kripto para birimlerini okumak için kullanılan en popüler grafik türlerini ve bu grafiklerin nasıl okunacağını incelemeyi amaçlayacaktır.

Grafikler, fiyatların incelenebileceği ve kalıpların bulunabileceği temeli oluşturur. Grafikler bir düzeyde basit, diğerinde ise derin ve karmaşıktır. Temel bilgilerle başlayacağız; Farklı grafik türleri ve farklı kullanımları.

Çizgi Grafik

Çizgi grafik, fiyatı tek bir çizgi üzerinden temsil eden bir grafiktir. Çoğu grafik, popüler alternatiflerden daha az bilgi içermelerine rağmen, anlaşılması son derece kolay olduğu için çizgi grafiklerdir. Robinhood ve Coinbase (her ikisi de hizmetlerini daha az deneyimli yatırımcılara hedefliyor) varsayılan grafik türü olarak çizgi grafiklere

---

[6] Akash98887 tarafından çekilen CC BY-SA 4.0 Görüntüsüne dayanmaktadır File:Support_and_resistance.png

sahipken, Charles Schwab ve Binance gibi daha deneyimli bir kitleye yönelik kurumlar varsayılan olarak diğer grafik formlarını kullanıyor.

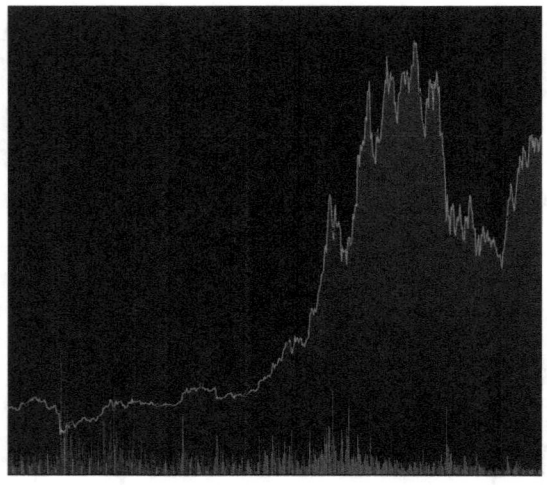

(tradingview.com) Çizgi Grafiği

Şamdan Grafiği

Şamdan grafikleri, bir madeni para hakkında bilgi görüntülemenin çok daha kullanışlı bir şeklidir; Bu tür grafikler çoğu yatırımcı için tercih edilen grafiktir. Belirli bir süre içinde, mum grafikleri geniş bir "gerçek gövdeye" sahiptir ve çoğunlukla kırmızı veya yeşil olarak temsil edilir (başka bir yaygın renk şeması boş/beyaz ve dolu/siyah gerçek gövdelerdir). Kırmızıysa (doldurulmuşsa), kapanış açılıştan daha düşüktü (yani düştü). Gerçek gövde yeşilse (boş), kapanış açıktan daha yüksekti (yani yükseldi). Gerçek bedenlerin üstünde ve altında, "gölgeler" olarak da bilinen "fitiller" vardır. Fitiller, dönemin ticaretinin yüksek ve düşük fiyatlarını gösterir. Yani, bildiklerimizi birleştirirsek, üst fitil (diğer adıyla üst gölge) gerçek gövdeye yakınsa, gün içinde ulaşılan madeni para veya jeton o kadar yüksek kapanış fiyatına yakındır. Dolayısıyla bunun tersi de geçerlidir. Şamdan grafikleri hakkında sağlam bir anlayışa sahip olmanız gerekecek, bu yüzden rahat etmek için tradingview.com gibi bir siteyi ziyaret etmenizi öneririm.

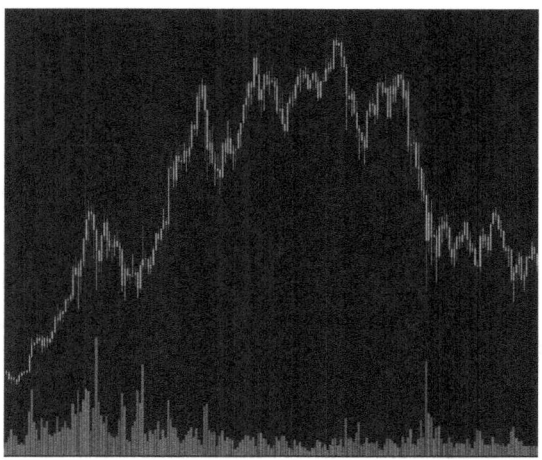

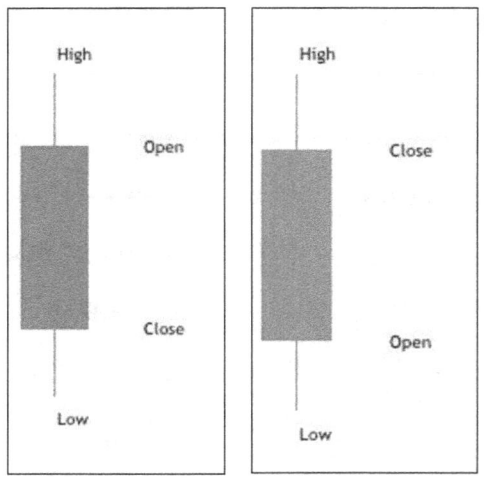

(tradingview.com) Figure 11: Bearish Candle[xi]

Şamdan Grafiği

Renko Grafiği

Renko çizelgeleri yalnızca fiyat hareketini gösterir ve zaman ve hacmi yok sayar. Renko, Japonca'da "tuğla" anlamına gelen "renga" teriminden gelir. Renko çizelgeleri, tipik olarak kırmızı/yeşil veya beyaz/siyah tuğlalar (kutular olarak da bilinir) kullanır. Renko kutuları yalnızca devam eden kutunun sağ üst veya alt köşesinde oluşur ve bir sonraki kutu yalnızca fiyat önceki kutunun üstünden veya altından geçerse oluşabilir. Örneğin, önceden tanımlanmış miktar "1 $" ise (bunu mum grafiklerindeki zaman aralıklarına benzer şekilde düşünün), bir sonraki kutu ancak önceki kutunun fiyatının 1 $ üstüne veya 1 $ altına geçtiğinde oluşabilir. Bu grafikler, rastgele fiyat hareketini ortadan kaldırırken eğilimleri basitleştirir ve anlaşılması kolay kalıplara "yumuşatır". Bu, destek ve direnç seviyeleri gibi kalıplar çok daha bariz bir şekilde görüntülendiği için teknik analiz yapmayı kolaylaştırabilir.

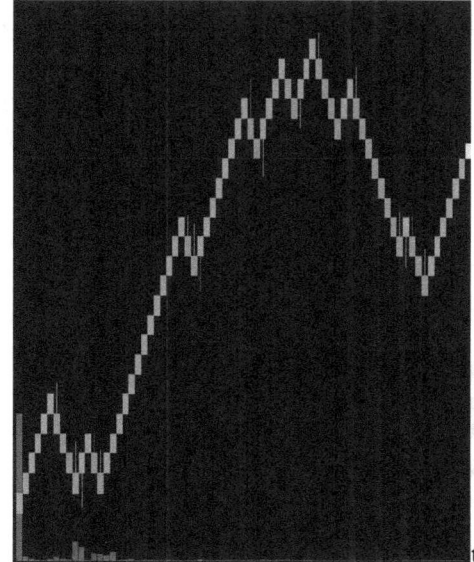

tradingview.com Renko grafiği

Nokta ve Şekil Grafiği

Nokta ve şekil (P&F) çizelgeleri bu listedeki diğerleri kadar iyi bilinmese de, uzun bir geçmişe ve iyi giriş ve çıkış noktalarını belirlemek için kullanılan en basit çizelgelerden biri olarak ün yapmıştır. Renko çizelgeleri gibi, P&F çizelgeleri de zamanın geçişini doğrudan hesaba katmaz. Bunun yerine, X'ler ve O'lar sütunlar halinde istiflenir; her harf seçilen bir fiyat hareketini temsil eder (tıpkı Renko çizelgelerindeki bloklar gibi). X'ler yükselen bir fiyatı temsil eder ve O'lar düşen bir fiyatı temsil eder. Şu diziye bakın:

```
    X
X O X
X O
X
```

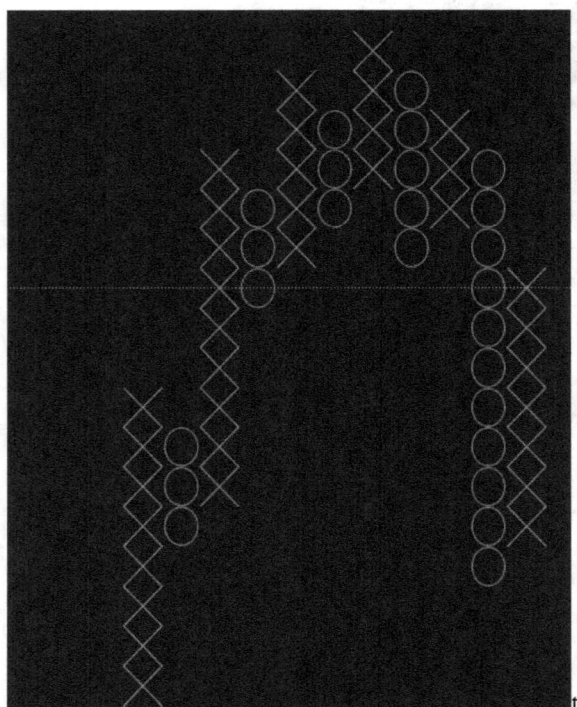

Diyelim ki seçilen fiyat hareketi 10 dolar. Sol alttan başlamalıyız: 3 X, fiyatın 30 $ arttığını, 2 O, 20 $'lık bir düşüşü ve ardından son 2 X, 20 $'lık bir artışı temsil ediyor. Zaman önemsizdir.

Heiken-Ashi Grafiği

Heikin-Ashi (hik-in-aw-she) grafikleri, mum grafiklerinin daha basit, düzleştirilmiş bir versiyonudur. Mum grafikleriyle (mumlar, fitiller, gölgeler vb.) hemen hemen aynı şekilde çalışırlar, ancak HA grafikleri fiyat verilerini bir yerine iki dönem boyunca pürüzsüzleştirir. Bu, esasen, Heikin-Ashi'yi birçok tüccar için mum grafiklerine tercih edilir kılar, çünkü kalıplar ve trendler daha kolay tespit edilebilir ve yanlış sinyaller (küçük, anlamsız hareketler) büyük ölçüde ihmal edilir. Bununla birlikte, daha basit görünüm, mum çubuklarıyla ilgili bazı verileri gizliyor, bu yüzden kısmen Heikin-Ashis henüz mum çubuklarının yerini almadı. Bu nedenle, her iki grafik türünü de denemenizi ve tarzınıza ve eğilimleri ayırt etme yeteneğinize en uygun olanı bulmanızı öneririm.

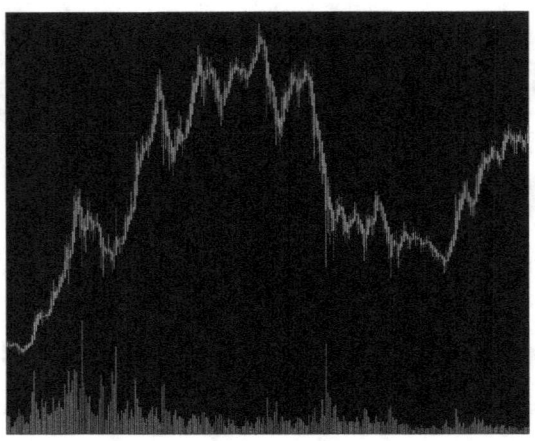

tradingview.com

C: Heikin-Ashi grafiğindeki trendlerin mum grafiğinden daha yumuşak ve daha belirgin olduğunu unutmayın.

Grafik Kaynakları

Ticaret Görünümü

tradingview.com (genel olarak en iyisi, en iyi sosyal)

- CoinMarketCap Fiyatı

  coinmarketcap.com (basit, kolay)

- Kripto İzleme

  cryptowat.ch (çok yerleşik, botlar için en iyisi)

- Kripto Görünümü

  cryptoview.com (çok özelleştirilebilir)

Grafik Deseni Sınıflandırmaları

Grafik desenleri, rolü ve amacı hızlı bir şekilde anlamak için sınıflandırılır. İşte bu tür sınıflandırmalardan birkaçı:

Boğa

Tüm yükseliş formasyonlarının sonucun yukarı yönlü olmasına neden olması muhtemeldir, bu nedenle örneğin bir yükseliş formasyonu %10'luk bir yükseliş trendine neden olabilir.

Kaba

Tüm düşüş formasyonlarının sonucun aşağı yönlü olmasına neden olması muhtemeldir, bu nedenle, örneğin bir düşüş formasyonu %10'luk bir düşüş trendine neden olabilir.

Şamdan

Şamdan kalıpları, tüm grafikler için değil, özellikle mum grafikleri için geçerlidir. Bunun nedeni, şamdan kalıplarının yalnızca mum (gövde ve fitil) formatında karşılaşılabilecek bilgilere dayanmasıdır.

Bar/Mum Sayısı

Bir desendeki çubuk veya mum sayısı genellikle üçten fazla değildir.

Devam

Devam formasyonları, formasyon öncesi trendin devam etmeme olasılığının daha yüksek olduğuna işaret ediyor. Örneğin, bir yükseliş trendinin tepesinde devam modeli X oluşursa, yükseliş trendinin devam etmesi muhtemeldir.

Koparma

Kırılma, direncin üzerinde veya desteğin altında bir harekettir. Kırılma formasyonları, böyle bir hareketin muhtemel olduğunu gösteriyor. Bu kırılmanın yönü formasyona özgüdür.

Ters

Tersine çevirme, fiyat yönündeki bir değişikliktir. Bir geri dönüş modeli, fiyatın yönünün değişmesinin muhtemel olduğunu gösterir (bu nedenle, bir yükseliş trendi bir düşüş trendi olur ve bir düşüş trendi bir yükseliş trendi olur).

Ne tür Bitcoin cüzdanları var?

Birkaç farklı cüzdan kategorisi vardır ve güvenlik, kullanılabilirlik ve erişilebilirlik açısından farklılık gösterir:

1. *Kağıt Cüzdan.* Kağıt cüzdan, özel bilgilerin (genel anahtarlar, özel anahtarlar ve tohum ifadeleri) adından da anlaşılacağı gibi kağıt üzerinde depolanmasını tanımlar. Bu, herhangi bir genel ve özel anahtar çiftinin bir cüzdan oluşturabilmesi nedeniyle işe yarar; Çevrimiçi arayüze gerek yoktur. Dijital bilgilerin fiziksel olarak depolanması, herhangi bir çevrimiçi depolama biçiminden daha güvenli olarak kabul edilir, çünkü çevrimiçi güvenlik bir dizi potansiyel güvenlik tehdidiyle karşı karşıya kalırken, fiziksel varlıklar uygun şekilde yönetilirse çok az izinsiz giriş tehdidiyle karşı karşıyadır. Bir Bitcoin kağıt cüzdanı oluşturmak için, herkes bitaddress.org ziyaret ederek genel bir adres ve özel bir anahtar oluşturabilir ve ardından bilgileri yazdırabilir. İşlemleri kolaylaştırmak için QR kodları ve anahtar dizileri kullanılabilir. Bununla birlikte, ultra güvenli çevrimiçi seçeneklere göre kağıt cüzdan sahiplerinin karşılaştığı zorluklar (su hasarı, kazara kayıp, belirsizlik) göz önüne

alındığında, kağıt cüzdanların artık önemli kripto para varlıklarını yönetmede kullanılması önerilmemektedir.

2. *Sıcak Cüzdan/Soğuk Cüzdan.* Sıcak cüzdan, internete bağlı bir cüzdanı ifade eder; tersi, soğuk depolama, internete bağlı olmayan bir cüzdanı ifade eder. Sıcak cüzdanlar, hesap sahibinin jeton gönderip almasına izin verir; Bununla birlikte, soğuk depolama, sıcak depolamadan daha güvenlidir ve kağıt cüzdanların birçok avantajını çok fazla risk almadan sunar. Çoğu borsa, kullanıcıların birkaç düğmeye basarak varlıklarını sıcak cüzdanlardan (varsayılandır) soğuk cüzdanlara taşımasına izin verir (Coinbase, soğuk/çevrimdışı depolamayı "kasa" olarak adlandırır). Varlıkları soğuk hava deposundan çekmek için birkaç gün gerekir, bu da sıcak hava deposu ve soğuk hava deposunun erişilebilirliğe karşı güvenlik dinamiğine geri döner. Bir kripto varlığı uzun vadeli tutmakla ilgileniyorsanız, borsanızda soğuk depolama yapmak doğru yoldur. Aktif olarak alım satım yapmayı veya alım satım yapmayı planlıyorsanız, soğuk hava deposu uygun bir seçenek değildir.

3. *Donanım Cüzdanı.* Donanım cüzdanları, özel anahtarınızı saklayan güvenli fiziksel cihazlardır. Bu seçenek, bir dereceye kadar çevrimiçi erişilebilirliğin (donanım cüzdanları

varlıklara erişmeyi çok kolay hale getirdiğinden) internete bağlı olmayan ve bu nedenle daha güvenli olan bir depolama aracıyla birleştirilmesine olanak tanır. Ledger (l edger.com) gibi bazı popüler donanım cüzdanları, güvenlikten ödün vermeden donanım cüzdanlarıyla uyum içinde çalışan uygulamalar bile sunar. Genel olarak, donanım cüzdanları ciddi ve uzun vadeli sahipler için harika bir seçenektir, ancak fiziksel güvenliğin hesaba katılması gerekir; Bu tür cüzdanlar ve kağıt cüzdanlar en iyi şekilde bankalarda veya üst düzey depolama çözümlerinde saklanır.

Bitcoin madenciliği karlı mı?

Kesinlikle olabilir. Bitcoin madenci kiralamaları için ortalama yıllık yatırım getirisi, yüksek tek haneli rakamlardan düşük çift haneli rakamlara kadar değişirken, kendi kendini yöneten Bitcoin madenciliğinin yatırım getirisi çift haneli rakamlara göre değişir (bir rakam vermek gerekirse, yıllık %20 ila %150 beklenebilirken, %40 ila %80 normaldir). Her iki durumda da, bu getiri %10'luk tarihi borsa ve gayrimenkul getirilerini geride bırakıyor. Bununla birlikte, Bitcoin madenciliği değişken ve pahalıdır ve her bireyin getirisini etkileyen bir dizi faktör vardır. Bir sonraki soruda, tahmini getiriler hakkında çok daha iyi bilgi sağlayan Bitcoin madenciliği karlılığı faktörlerini ve neden bazı ayların ve madencilerin son derece iyi performans gösterdiğini ve bazılarının göstermediğini inceleyeceğiz.

Bitcoin madenciliğinin karlılığını ne etkiler?

Bitcoin madenciliğinin potansiyel karlılığını belirlemek için aşağıdaki değişkenler gereklidir:

Kripto Para Fiyatı. Etkileyen en önemli faktör, söz konusu kripto para varlığının fiyatıdır. Bitcoin fiyatındaki 2 katlık bir artış, 2 kat madencilik kârı ile sonuçlanır (çünkü kazanılan Bitcoin miktarı aynı kalırken eşdeğer değer değişir), %50'lik bir düşüş ise kârın yarısı ile sonuçlanır. Kripto para birimlerinin ve özellikle Bitcoin'in değişken doğası göz önüne alındığında, fiyatın dikkate alınması gerekir. Bununla birlikte, genel olarak, uzun vadede Bitcoin ve kripto para birimlerine inanıyorsanız, odak noktanız yalnızca bu listedeki diğer faktörlere göre değişebilen uzun vadeli öz sermaye oluşturmak olacağından fiyat değişiklikleri sizi etkilememelidir.

Hash Oranı ve Zorluğu. HashRate, denklemlerin çözülme ve blokların bulunma hızıdır. Madenciler için hash oranı kabaca kazanca eşittir ve sisteme giren daha fazla madenci (böylece ağın hash oranını ve blok madenciliğinin ne kadar zor olduğunu açıklayan bir metrik olan ilgili madencilik "zorluğunu" artırır) madenci başına hash payını ve dolayısıyla karlılığı azaltır. Bu şekilde rekabet, zorluk ve hash oranı yoluyla kârı düşürür.

Elektrik fiyatı. Madencilik süreci zorlaştıkça elektrik ihtiyacı da artmaktadır. Elektrik fiyatı karlılıkta önemli bir oyuncu olabilir.

Yarılanma. Her 4 yılda bir, Bitcoin'e programlanan blok ödülleri, akışı ve toplam madeni para arzını kademeli olarak azaltmak için yarıya iner. Şu anda (13 Mayıs 2020'den beri ve 2024'e kadar devam ediyor), madenci ödülleri blok başına 6,25 bitcoin'dir. Bununla birlikte, 2024'te blok ödülleri blok başına 3.125 bitcoin'e düşecek ve bu böyle devam edecek. Bu şekilde, her bir madeni paranın değeri, blok ödüllerindeki düşüş kadar veya daha fazla artmadıkça, uzun vadeli madencilik ödülleri düşmelidir.

Donanım maliyeti. Tabii ki, Bitcoin madenciliği için gereken donanımın gerçek fiyatı, kâr ve yatırım getirisinde büyük rol oynar. Madencilik normal PC'lerde kolayca kurulabilir (eğer varsa, nicehash.com göz atın); Bununla birlikte, tam teçhizat kurmak anakartların, CPU'ların, grafik kartlarının, GPU'ların, RAM'lerin, ASIC'lerin ve daha fazlasının maliyetini içerir. Kolay çıkış yolu, önceden hazırlanmış teçhizatlar satın almaktır, ancak bu, bir prim ödemeyi içerir. Kendinizinkini yapmak paradan tasarruf sağlar, ancak aynı zamanda teknik bilgi gerektirir; Genel olarak, kendin yap seçeneklerinin maliyeti en az 3.000 ABD Dolarıdır, ancak genellikle 10.000 ABD Dolarına yakındır. Tüm bu donanım faktörleri, hızla değişen Bitcoin ve kripto para madenciliği ortamında potansiyel getiri hakkında iyi bir tahmin yapmak için dikkate alınmalıdır.

Bu soruyu sonuçlandırmak için, madencilik karlılığını etkileyen değişkenler çoktur ve hızlı değişime tabidir ve potansiyel kazançlar, ucuz elektriğe erişimi olan büyük çiftliklere yöneliktir. Bununla birlikte, kripto madenciliği kesinlikle hala çok kârlıdır ve getiriler (piyasa çapında bir çöküş potansiyeli hariç) bir süredir beklenen borsa getirilerinin veya diğer varlık sınıflarının çoğunda normal getirilerin çok ilerisinde olmuştur ve muhtemelen kalacaktır.

Gerçek, fiziksel Bitcoin'ler var mı?

Fiziksel Bitcoin yoktur ve muhtemelen hiçbir zaman olmayacaktır; Bir sebepten dolayı "dijital para birimi" olarak adlandırılır. Bununla birlikte, Bitcoin'in erişilebilirliği daha iyi borsalar, Bitcoin ATM'leri, Bitcoin banka ve kredi kartları ve diğer hizmetler aracılığıyla zaman içinde artacaktır. Umarım bir gün Bitcoin ve diğer kripto para birimlerinin kullanımı fiziksel para birimleri kadar kolay olacaktır.

Bitcoin Sürtünmesiz mi?

Sürtünmesiz bir piyasa, işlemlerde herhangi bir maliyet veya kısıtlamanın olmadığı ideal bir ticaret ortamıdır. Bitcoin piyasası (çiftlerden oluşan), sürtünmesiz olma yolunda (özellikle küresel para transferi ile ilgili olarak), gerçekten orada olmaya yakın değil.

HTTPS://LibertyTreeCS.New YorkPet.org/2016/03/Is-Bitcoin-Really-Frictionless/

Bitcoin Anımsatıcı İfadeler kullanıyor mu?

Anımsatıcı bir ifade, bir tohum cümlesine eşdeğer bir terimdir; Her ikisi de cüzdanları tanımlayan ve temsil eden 12 ila 24 kelimelik dizileri temsil eder. Bunu bir yedek şifre olarak düşünün; Bununla, hesabınıza erişiminizi asla kaybedemezsiniz. Diğer taraftan, unutursanız, sıfırlamanın veya geri almanın bir yolu yoktur ve ona sahip olan herhangi biri cüzdanınıza erişebilir. Bitcoin'i tutabileceğiniz tüm cüzdanlar anımsatıcı ifadeler kullanır; Bu ifadeleri her zaman güvenli ve özel bir yerde saklamalısınız; Kağıt üzerinde en iyisidir, en iyisi bir kasada veya kasada kağıt üzerinde.

Your Seed Phrase

Your Seed Phrase is used to generate and recover your account.

- 1. issue
- 2. flame
- 3. sample
- 4. lyrics
- 5. find
- 6. vault
- 7. announce
- 8. banner
- 9. cute
- 10. damage
- 11. civil
- 12. goat

Please save these 12 words on a piece of paper. The order is important. This seed will allow you to recover your account.

[7]

---

[7] FlippyFlink / CC BY-SA 4.0 Lisansı
File:Creating-Atala_PRISM-crypto_wallet-seed_phrase.png

Bitcoin'inizi yanlış adrese gönderirseniz geri alabilir misiniz?

Geri ödeme adresi, işlemin başarısız olması durumunda yedek görevi görebilecek bir cüzdan adresidir. Böyle bir durum meydana gelirse belirtilen geri ödeme adresine ters ibraz yapılır. Geri ödeme adresi sağlamanız gerekirse, adresin doğru olduğundan ve gönderdiğiniz jetonu alabildiğinden emin olun.

Bitcoin güvenli mi?

Temel bir sistem blok zinciri ağı tarafından yönetilen Bitcoin, aşağıdaki nedenlerden dolayı dünyanın en güvenli sistemlerinden biridir:

1. *Bitcoin halka açıktır.* Bitcoin, birçok kripto para birimi gibi, tüm işlemleri kaydeden halka açık bir deftere sahiptir. Bitcoin'e sahip olmak ve ticaret yapmak için hiçbir özel bilgi sağlanmadığından ve tüm işlem bilgileri blok zincirinde herkese açık olduğundan, davetsiz misafirlerin hackleyecek veya çalacak hiçbir şeyi yoktur; Bitcoin ağını hacklemenin ve bundan kâr elde etmenin tek alternatifi (borsa saldırıları ve kayıp şifreler gibi insan başarısızlık noktaları hariç; Bitcoin'in kendisine odaklanıyoruz) Bitcoin ölçeğinde neredeyse imkansız olan %51 saldırısıdır. "Halka açık" olmak, Bitcoin'in izinsiz olmasıyla da bağlantılıdır; Kimse onu kontrol etmez ve bu nedenle hiçbir öznel veya tekil bakış açısı tüm ağı etkileyemez (ağdaki diğer herkesin rızası olmadan).

2. *Bitcoin merkeziyetsizdir.* Bitcoin şu anda 10.000 düğüm aracılığıyla çalışıyor ve bunların tümü toplu olarak işlemleri doğrulamaya hizmet ediyor.[8] Tüm ağ işlemleri

---

[8] "Bitnodes: Küresel Bitcoin Düğümleri Dağılımı." https://bitnodes.io/. Erişim tarihi: 30 Ağustos 2021.

doğruladığından, işlemleri değiştirmenin veya kontrol etmenin bir yolu yoktur (yine ağın %51'i kontrol edilmediği sürece). Böyle bir saldırı, belirtildiği gibi, pratik olarak imkansızdır; Bitcoin'in mevcut fiyatında, bir saldırganın günde on milyonlarca dolar harcaması ve mevcut olmayan bir hesaplama kaynağı hacmini kontrol etmesi gerekir.[9] Bu nedenle, veri doğrulamanın merkezi olmayan doğası, Bitcoin'i son derece güvenli hale getirir.

3. *Bitcoin geri döndürülemez.* Ağdaki işlemler onaylandıktan sonra, her blok (bir blok, yeni işlemlerin bir grubudur) her iki tarafındaki bloklara bağlı olduğundan ve dolayısıyla birbirine bağlı bir zincir oluşturduğundan, bunları değiştirmek mümkün değildir. Bloklar yazıldıktan sonra değiştirilemez. Bu iki faktör birlikte veri değişikliğini önler ve daha fazla güvenlik sağlar.

4. *Bitcoin hash işlemini kullanır.* Hash, bir değeri diğerine dönüştüren bir işlevdir; kripto dünyasındaki bir hash, harf ve sayılardan oluşan bir girdiyi (bir dize) sabit boyutta şifrelenmiş bir çıktıya dönüştürür. Hash'ler şifrelemeye yardımcı olur çünkü her hash'i "çözmek", son derece

---

[9] "Bir günlüğüne Bitcoin'e saldırmak için 21 milyon dolara ihtiyacınız olacak - Decrypt." 31 Ocak 2020, https://decrypt.co/18012/you-would-need-21-million-to-attack-bitcoin-for-a-day. Erişim tarihi: 30 Ağustos 2021.

karmaşık bir matematik problemini çözmek için geriye doğru çalışmayı gerektirir; Bu nedenle, bu denklemleri çözme yeteneği tamamen hesaplama gücüne dayanmaktadır. Hashing'in şu faydaları vardır: veriler sıkıştırılır, hash değerleri karşılaştırılabilir (verileri orijinal biçiminde karşılaştırmanın aksine) ve hash işlevleri veri iletiminin en güvenli ve ihlale dayanıklı yollarından biridir (özellikle ölçekte).

Bitcoin bitecek mi?

"Tükenmek" ile ne demek istediğine bağlı. Her yıl ağa eklenen bitcoin miktarı her zaman tükenecektir. Bununla birlikte, bu noktada, farklı arz mekanizmaları (Bitcoin'in madencilik ödülü olmasının aksine) devreye girecek ve işler normal şekilde devam edecek. Bu anlamda, Bitcoin asla tükenmemelidir.

Bitcoin'in amacı nedir?

Bitcoin'in birincil değeri aşağıdaki uygulamalardan gelir: bir değer deposu ve özel, küresel ve güvenli işlemlerin bir aracı olarak. Bu, özünde, Bitcoin'in amacıdır; Tarihsel getirileri ve 300.000 kadar günlük işlem göz önüne alındığında oldukça başarılı bir şekilde yerine getirilen bir amaç.

Bitcoin'i 5 yaşındaki bir çocuğa nasıl açıklarsınız?

Bitcoin, insanların bir şeyler alıp satmak veya daha fazla para kazanmak için kullanabilecekleri bilgisayar parasıdır. Bitcoin, blok zinciri sayesinde çalışır. Blockchain, birçok farklı insanın, başka birinin kendileri için yapmasına gerek kalmadan değerli bilgileri veya parayı güvenli bir şekilde aktarmasına olanak tanıyan bir araçtır.

Bitcoin bir şirket mi?

Bitcoin bir şirket değildir. Algoritmaları çalıştıran bilgisayarlardan oluşan bir ağdır. Bununla birlikte, yazılım ve donanımın zaman içindeki ilerlemesi göz önüne alındığında ve Bitcoin'in eskimesini önlemek için, kod ve algoritmalarda güncellemelere izin vermek için ağda bir oylama sistemi uygulandı. Oylama sistemi tamamen açık kaynaklıdır ve fikir birliğine dayalıdır, yani geliştiriciler ve gönüllüler tarafından önerilen sistem güncellemelerinin diğer ilgili taraflarca titiz bir incelemeye tabi tutulması gerekir (çünkü bir güncellemedeki bir hata milyonlarca ilgili tarafın parasını kaybeder) ve güncelleme yalnızca kitlesel fikir birliğine varılırsa geçecektir. Bitcoin Vakfı (bitcoinfoundation.org), Bitcoin için bir yol haritası oluşturmak ve güncellemeler geliştirmek için çalışan birkaç tam zamanlı geliştirici istihdam etmektedir. Ancak yine de, katkıda bulunacak bir şeyi olan herkes bunu yapabilir ve gerçek bir şirket veya kuruluş geçerli değildir. Ayrıca, bir kural değişikliği uygulanırsa kullanıcılar güncelleme yapmaya zorlanmaz; İstedikleri herhangi bir sürüme bağlı kalabilirler. Bu sistemin arkasındaki fikirler oldukça harika; Bağımsız, açık kaynaklı, fikir birliğine dayalı bir ağ fikri, Bitcoin'den çok daha fazla alanda uygulamalara sahiptir.

Bitcoin bir aldatmaca mı?

Bitcoin, tanımı gereği bir aldatmaca değildir. Yerleşik mühendislerden oluşan bir ekip tarafından oluşturulan finansal bir araçtır. Trilyonlar değerinde, hacklenemez ve kurucu herhangi bir varlık satmadı.[10] Bununla birlikte, Bitcoin kesinlikle manipüle edilebilir ve oldukça değişkendir. Bitcoin'den farklı olarak piyasadaki diğer birçok kripto para birimi bir aldatmacadır. Bu yüzden araştırmanızı yapın, saygın ekiplerle yerleşik madeni paralara yatırım yapın ve sağduyunuzu kullanın.

---

[10] Satoshi Nakamoto, Bitcoin sayesinde on milyarlarca dolar değerinde olsa da, (bilinen cüzdanında) hiç satmadı. Anonimliği ile birleştiğinde, Bitcoin'in kurucusu, en azından sahip olduğu onlarca veya yüz milyarlarca dolara göre, muhtemelen para birimi aracılığıyla büyük bir kar elde etmedi.

Bitcoin hacklenebilir mi?

Bitcoin'in kendisini hacklemek imkansızdır, çünkü tüm ağ ağ içindeki birçok düğüm (bilgisayar) tarafından sürekli olarak gözden geçirilir ve bu nedenle herhangi bir saldırgan, yalnızca ağdaki hesaplama gücünün %51'ini veya daha fazlasını kontrol ederse sistemi gerçekten hackleyebilir (çünkü çoğunluk kontrolü, doğru olsun ya da olmasın herhangi bir şeyi doğrulamak için kullanılabilir). Bitcoin'in arkasındaki madencilik gücü göz önüne alındığında, bu aslında imkansızdır. Bununla birlikte, kripto para güvenliğindeki zayıf nokta, kullanıcıların cüzdanlarıdır; Cüzdanları ve borsaları hacklemek çok daha kolaydır. Bu nedenle, Bitcoin'i hacklemek imkansız olsa da, Bitcoin'iniz bir borsanın hatasının yanı sıra zayıf veya yanlışlıkla paylaşılan bir şifre nedeniyle saldırıya uğrayabilir. Genel olarak, yerleşik borsalara bağlı kalırsanız ve özel, güvenli bir şifre tutarsanız, saldırıya uğrama şansınız neredeyse sıfırdır.

Bitcoin işlemlerini kim takip ediyor?

Bitcoin ağındaki her düğüm (bilgisayar), tüm Bitcoin işlemlerinin tam bir kopyasını tutar. Bilgiler, işlemleri doğrulamak ve güvenliği sağlamak için kullanılır. Ek olarak, tüm Bitcoin işlemleri herkese açıktır ve Bitcoin defteri aracılığıyla görüntülenebilir; Bunu aşağıdaki bağlantıdan kendiniz görüntüleyebilirsiniz:

https://www.blockchain.com/btc/unconfirmed-transactions

Herkes Bitcoin alıp satabilir mi?

Bitcoin merkezi olmadığı için, dış faktörlerden veya kimlikten bağımsız olarak herkes alıp satabilir. Bununla birlikte, birçok ülke kripto para birimlerinin yalnızca merkezi borsalar aracılığıyla (vergi ve güvenlik amacıyla) alınıp satılmasını şart koşuyor, bu nedenle kimlik, SSN vb. gibi temel KYC zorunlulukları gerektiriyor. Bu tür yasalar, bazı kişilerin kriptoya yatırım yapmasını engeller ve merkezi borsalar herhangi bir nedenle hesapları kapatma hakkını saklı tutar.

Bitcoin anonim midir?

Doğrudan yukarıdaki soruda belirtildiği gibi, Bitcoin'i yöneten doğuştan gelen sistem tam bir kişisel anonimliğe izin verir; Başarılı bir işlem için paylaşılması gereken tek şey bir cüzdan adresidir. Bununla birlikte, hükümet yetkileri, birçok ülkede (birincil örnek ABD'dir) merkezi olmayan borsalarda işlem yapmayı yasa dışı hale getirdi. Bu nedenle, merkezi borsalar kripto ticareti yaparken yasal anonimliği engeller.

Bitcoin'in kuralları değişebilir mi?

Bitcoin merkeziyetsiz olduğu için sistem kendini değiştiremez. Bununla birlikte, ağın kuralları Bitcoin sahiplerinin fikir birliği ile değiştirilebilir. Bugün, açık kaynaklı projeler, güncellemelere ihtiyaç duyulduğunda Bitcoin'i güncelliyor ve bunu yalnızca değişiklikler Bitcoin topluluğu tarafından kabul edilirse yapıyor.

Bitcoin aktifleştirilmeli mi?

Bir ağ olarak Bitcoin'den büyük harfle yararlanılmalıdır. Bir birim olarak Bitcoin büyük harfle yazılmamalıdır. Örneğin, "Bitcoin fikrini duyduktan sonra 10 bitcoin satın aldım."

Bitcoin protokolleri nelerdir?

Protokol, bir şeyin nasıl yapılması gerektiğini kontrol eden bir sistem veya prosedürdür. Kripto para birimi ve Bitcoin'de protokoller, kodun yönetim katmanıdır. Örneğin, bir güvenlik protokolü güvenliğin nasıl gerçekleştirilmesi gerektiğini belirler, bir blok zinciri protokolü blok zincirinin nasıl hareket ettiğini ve çalıştığını yönetir ve bir Bitcoin protokolü Bitcoin'in nasıl çalıştığını kontrol eder.

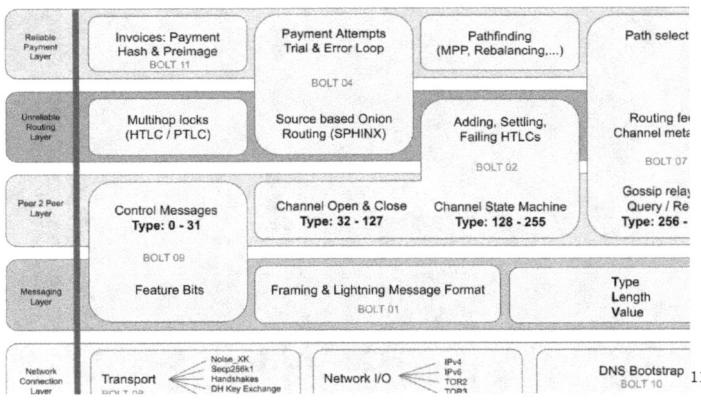

*Bu, daha hızlı işlemlere olanak sağlamak ve böylece ölçeklenebilirlik sorunlarını çözmek için Bitcoin ve Litecoin gibi madeni paraların üzerinde çalışmak üzere tasarlanmış bir Katman-2 ödeme protokolü

---

[11] Renepick / CC BY-SA 4.0
File:Lightning_Network_Protocol_Suite.png

olan Lightning Network'ün merceğinden bakıldığında bir protokol örneğidir.

Bitcoin'in Defteri nedir?

Bitcoin'in defteri ve tüm blok zinciri defterleri, belirli bir blok zincirinde yapılan tüm finansal işlemlerle ilgili verileri depolar. Kripto para birimleri halka açık defterleri kullanır, bu da tüm işlemleri kaydetmek için kullanılan defterin halka açık olduğu anlamına gelir. Bitcoin'in halka açık defterini blockchain.com/explorer'da görebilirsiniz.

Hash	Time	Amount (BTC)	Amount (USD)
a3bc0fb2e5f2350941d825ab722ca4dda006c3528db1466012e1395964f8a3ec	12:22	3.40547680 BTC	$170,416.94
80c2a1ab9cc9fc94f082e707840216f3898beb189428840adf169fb2fb150735	12:22	0.52284473 BTC	$26,164.21
f3773b98dd9b10777e0781dd7d8be8e7953b190546b245fcafef5494124a0e9d	12:22	0.03063826 BTC	$1,533.20
e5e5e9678e6494bb68cea07aef3aee769ef972172db5424797dcd16eb7345a9a	12:22	0.00151322 BTC	$75.72
5f3bcd4212f05ed0d9ad7be40a97e1b4e8fe3456c7d9920e8b1a5219b7a1f31e	12:22	0.84369401 BTC	$42,220.15
37e7a56509c2b009549c31865e2dcd3c0a29f47d5987c64ef5c14b8ce9092811	12:22	0.00153592 BTC	$76.86
ee7a833c2da6c25125a653003828db74303d2efafdf730b0cc2767d8840e1754	12:22	0.00210841 BTC	$105.51
d2258896d076a2723259cc55e7131c3d4622ce6a14c37eb51cadd9992f3873c1	12:22	0.00251375 BTC	$125.79
817a795190ec4bdb0cc9316e75c13ca1f944c7946faf24004952aa2a0aed072f	12:22	1.60242873 BTC	$80,188.77
7l8fa2f54999a07e03a344aed9ddb34282683afeddfcb61f996109b83bdb1ff	12:22	0.00022207 BTC	$11.11
8c9dfdf9b649a1d465d5d2cfcb3185ad91b067d38b4b0b3233d0c78cf859e80	12:22	0.00006000 BTC	$3.00
4dce5a6630641314ff0fla30dca8709585583c456accdf01f172401b9ffba24	12:22	0.00761070 BTC	$380.85
7e31b8568d5494894819ed19b11d03025141oa429bfba1699ca73fb82ea0825d	12:22	0.00070666 BTC	$35.36
9fd5d4e37f766c414079c8d2dc8cd48efe6cf00f901d81e81e73a1a874c2beef	12:22	0.00061789 BTC	$30.92
b4dda5555de5282c1e81fa09e58996e55904b77da989136a82b256aac2960fb	12:22	0.07876440 BTC	$3,941.53
a8f05dce5ca3964bd5fbfb65a52e8f2383459739f1828c368fbc8aba12939la	12:22	1.41705545 BTC	$70,912.32
b8058bbe5e4be8d3b22294d86c2f0df577a7e58a92961afbb62ba3add06b053	12:22	0.30358853 BTC	$15,192.18
e0fb0dcd87c22b2e11ef7eb3852a7a6a51bca0907d0d63199f6d9e275a410dd8	12:22	0.00712366 BTC	$356.48
f60389c978d4bf66bb32047fbd5efecb048d1f0e09c3c7b2035e5b2b6a852445	12:22	0.00029789 BTC	$14.91
a820e18a7a4538e4cd0410f1f9fb213408174f699ffe2d245540b388e7befbfbf	12:22	0.79690506 BTC	$39,878.74
cbdc6ef0669d4a243add5c0b8c40d014d4a33a5e01a8aacd3fbcaffc9aba36c2	12:22	0.54677419 BTC	$27,361.68

*blockchain.com'den Bitcoin halka açık defterinin canlı görünümü

Bitcoin Nasıl Bir Ağdır?

Bitcoin bir P2P (eşler arası) ağdır. Eşler arası ağ, görevleri tamamlamak için birbiriyle çalışan birçok bilgisayarı içerir. Eşler arası ağlar merkezi bir otorite gerektirmez ve blok zinciri ağlarının ve kripto para birimlerinin ayrılmaz bir parçasıdır.

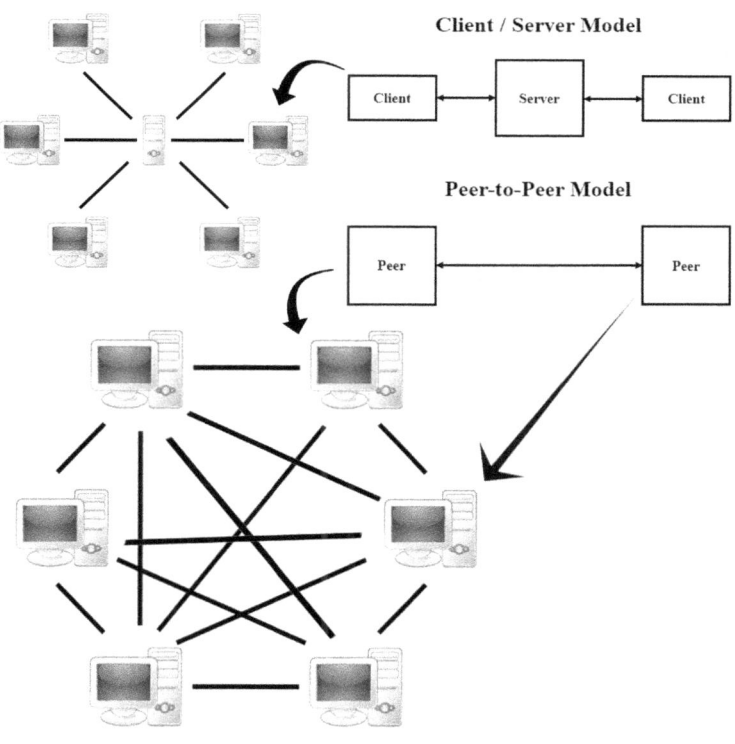

[12] Yazar tarafından oluşturulan; Aşağıdaki kaynaklardan alınan görüntülere göre:

Bitcoin, maksimum arza ulaştığında hala en iyi kripto para birimi olabilir mi?

Bitcoin arzı gerçekten tükenecek, ancak bunu 2140 yılında yapacak. Bu noktada, 21 milyon BTC'nin tamamı ağda olacak ve ağın hayatta kalmaya devam etmesi için başka bir teşvik veya tedarik sistemi uygulanmalıdır. Bununla birlikte, Bitoin'in 2140 yılında en iyi kripto para birimi olup olmayacağını tahmin etmek, 1900 yılında 2020'nin nasıl olacağını sormak gibidir; Teknolojideki fark neredeyse imkansız derecede büyüktür ve 22. yüzyıldaki teknolojik ortam herkesin tahminidir. Sadece görmemiz gerekecek.

Mauro Bieg / GNU GPL / File:Server-based-network.svg
Ludovic Ferre / PDM / File:P2P-network.svg
Michel Banki / CC BY-SA 4.0 / File:Client-server_Vs_peer-to-peer_-_en.png

Bitcoin madencileri ne kadar para kazanıyor?

Bitcoin madencileri toplu olarak günde yaklaşık 45 milyon dolar ve saatte 1,9 milyon dolar kazanıyor (blok başına 6,25 Bitcoin, günde 144 blok). Madenci başına kâr, hash gücüne, elektrik maliyetine, havuz ücretine (havuzdaysa), güç tüketimine ve donanım maliyetine bağlıdır; Çevrimiçi madencilik hesaplayıcıları, tüm bu faktörlere dayalı olarak karları tahmin edebilir. Nicehash tarafından sağlanan bu hesap makinelerinin en popüleri https://www.nicehash.com/profitability-calculator'da bulunabilir.

Bitcoin'in Blok yüksekliği nedir?

Blok yüksekliği, bir blok zincirindeki blok sayısıdır. Yükseklik 0 ilk bloktur ("genesis bloğu" olarak da adlandırılır), yükseklik 1 ikinci bloktur ve bu böyle devam eder; Bitcoin'in mevcut blok yüksekliği yarım milyondan fazladır. Bitcoin'in "blok oluşturma süresi" şu anda yaklaşık 10 dakikadır, yani Bitcoin blok zincirine kabaca her 10 dakikada bir yeni bir blok eklenir.

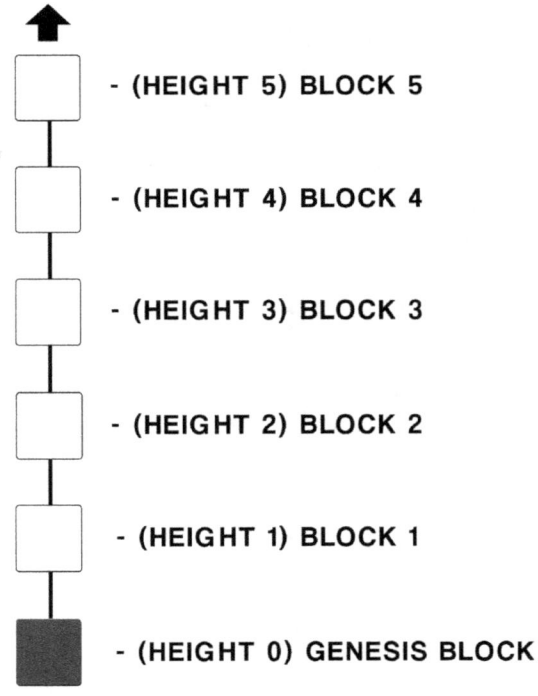

[13] Yazarın Oluşturulması. CC BY-SA 4.0 Lisansı altında kullanılabilir.

Bitcoin Atomik Swap kullanıyor mu?

Atomik takas, kullanıcıların üçüncü taraf bir aracı, genellikle bir takas olmadan ve satın almaya veya satmaya gerek kalmadan iki farklı madeni parayı birbirleriyle takas etmelerine olanak tanıyan akıllı bir sözleşme teknolojisidir. Coinbase gibi merkezi borsalar atomik takas gerçekleştiremez. Bunun yerine, merkezi olmayan borsalar atomik takaslara izin verir ve son kullanıcılara tam kontrol sağlar.

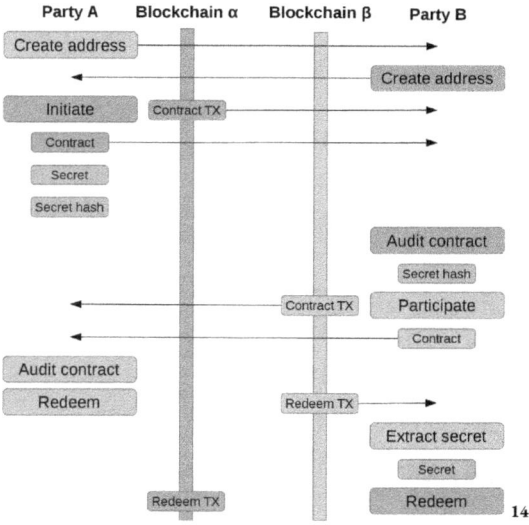

*Atomik takas iş akışının görselleştirilmesi.

---

[14] Nickboariu / CC BY-SA 4.0 / File:Atomic_Swap_Workflow.svg

Bitcoin madencilik havuzları nedir?

Grup madenciliği olarak da bilinen madencilik havuzları, birlikte madencilik yapmak ve ödülleri bölmek için hesaplama güçlerini birleştiren kişi veya varlık gruplarını ifade eder. Bu aynı zamanda düzensiz kazançların aksine tutarlı kazançlar sağlar.

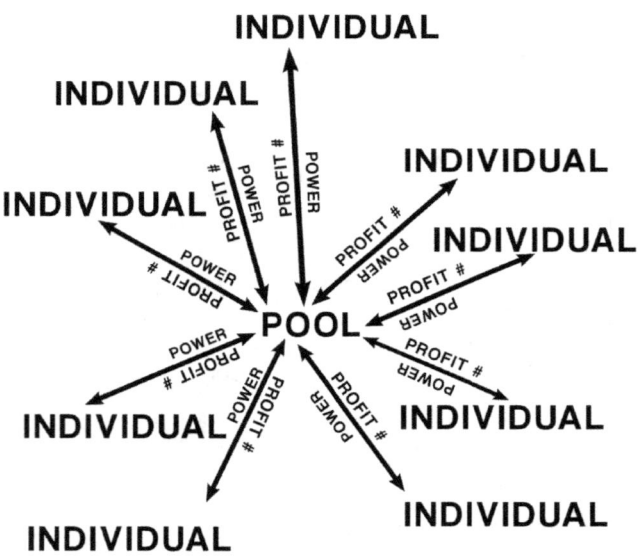

---

[15] Yazarın orijinal çalışması. CC BY-SA 4.0 Lisansı Altında Kullanılabilir

En büyük Bitcoin madencileri kimlerdir?

Şekil 2.3, Bitcoin madenci dağılımının bir dökümüdür. Büyük parçaların tümü madencilik havuzlarıdır, bireysel madenciler değil, çünkü havuzlar bir birey ağından yararlanarak büyük ölçek (hesaplama gücü açısından) sağlar. Bu, özünde, Bitcoin benzeri dağıtım kavramını madenciliğe uygular. En büyük Bitcoin havuzları arasında Antpool (açık erişimli bir madencilik havuzu), ViaBTC (güvenli ve istikrarlı olduğu bilinir), Slush Pool (en eski madencilik havuzu) ve BTC.com (dördünün en büyüğü) bulunur.

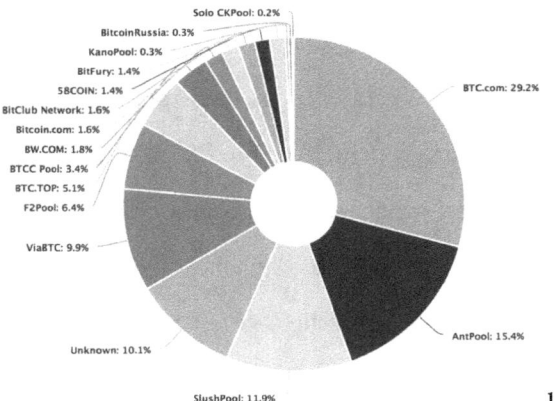

---

[16] "Bitcoin Madenciliği Dağılımı 3 | Bilimsel Diyagramı İndirin." https://www.researchgate.net/figure/Bitcoin-Mining-Distribution-3_fig3_328150068. Erişim tarihi: 2 Eylül 2021.

Bitcoin teknolojisinin modası geçti mi?

Evet, Bitcoin'e güç veren teknoloji, yeni rakiplere göre modası geçmiş durumda. Bitcoin çığır açma işini yaptı ve kripto para birimleri için bir kavram kanıtı görevi gördü, ancak tüm teknolojilerde olduğu gibi, inovasyon ileriye doğru ilerliyor ve bu tür yeniliklere ayak uydurmak, Bitcoin'in sahip olmadığı uyumlu yükseltmeler gerektiriyor. Bitcoin ağı saniyede yaklaşık 7 işlem gerçekleştirebilirken, Ethereum (piyasa değerine göre en büyük ikinci kripto para birimi) saniyede 30 işlem gerçekleştirebilir ve üçüncü en büyük ve çok daha yeni kripto para birimi olan Cardano saniyede yaklaşık 1 milyon işlem gerçekleştirebilir. Bitcoin ağındaki ağ tıkanıklığı çok daha yüksek ücretlere yol açar. Bu şekilde, programlanabilirlik, gizlilik ve enerji kullanımının yanı sıra, Bitcoin biraz modası geçmiş durumda. Bu, işe yaramadığı anlamına gelmez; Öyle, bu sadece ya ciddi yükseltmelerin uygulanması gerektiği ya da kullanıcı deneyiminin daha da kötüleşeceği ve rakiplerin gelişeceği anlamına geliyor. Bununla birlikte, ne olursa olsun, Bitcoin muazzam bir marka değerine, muazzam bir kullanım ve benimseme ölçeğine ve işi güvenli bir şekilde yapan protokollere sahiptir; Bu sadece ne sıfır toplamlı bir oyun olduğu ne de muhtemelen en iyi veya en kötü senaryoda biteceği anlamına gelir. Bitcoin'in sorunlarla karşılaşmaya devam ettiği, çözümleri uygulamaya devam ettiği ve kripto alanı büyüdükçe büyümeye devam ettiği (büyümenin bir noktada yavaşlaması gerekecek olsa da) bir orta yol senaryosunun ortaya çıktığını göreceğiz.

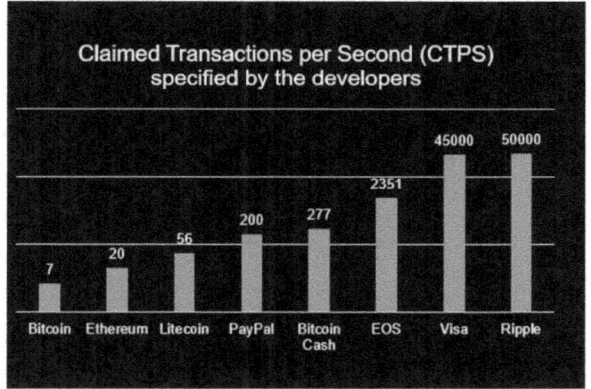

[17] https://investerest.vontobel.com/

---

[17] "Bitcoin Açıklaması - Bölüm 7: Bitcoin'in Ölçeklenebilirliği - Investerest." https://investerest.vontobel.com/en-dk/articles/13323/bitcoin-explained---chapter-7-bitcoins-scalability/. Erişim tarihi: 4 Eylül 2021.

Bitcoin node'u nedir?

Düğüm, bir blok zincirinin ağına bağlı olan ve blok zincirine blokları yazma ve doğrulama konusunda yardımcı olan bir bilgisayardır (düğüm belirli bir tür değil, herhangi bir bilgisayar olabilir). Bazı düğümler blok zincirlerinin tüm geçmişini indirir; Bunlara masternode denir ve normal node'lardan daha fazla görev gerçekleştirir. Ek olarak, düğümler hiçbir şekilde belirli bir ağa bağlı değildir; Düğümler, çok havuzlu madencilikte olduğu gibi, pratik olarak istedikleri zaman birçok farklı blok zincirine geçebilirler.

Bitcoin'in arz mekanizması nasıl çalışır?

Bitcoin bir PoW tedarik mekanizması kullanır. Arz mekanizması, yeni tokenlerin ağa dahil edilme şeklidir. PoW veya "Proof of Work", kelimenin tam anlamıyla, bloklar oluşturmak için çalışmanın (matematiksel denklemler açısından) gerekli olduğu anlamına gelir. İşi yapan insanlar madencilerdir.

Bitcoin'in piyasa değeri nasıl hesaplanır?

Piyasa değeri denklemi çok basittir: # birim x birim başına fiyat. Bitcoin "birimleri" madeni paralardır, bu nedenle piyasa değerini çözmek için dolaşımdaki arzı (yaklaşık 18,8 milyon) madeni para başına fiyatla (yaklaşık 50.000 $) çarpabilirsiniz. Ortaya çıkan sayı (bu durumda 940 milyar) piyasa değeridir.

Bitcoin kredisi verebilir ve alabilir misiniz?

Evet, USD kredisi almak için Bitcoin ve diğer kripto para birimlerinden yararlanabilirsiniz. Bu tür krediler, Bitcoin varlıklarını satmak istemeyen, ancak araba veya mülk ödemeleri, seyahat etme, mülk satın alma vb. harcamalar için paraya ihtiyacı olan kişiler için idealdir. Kredi almak, sahibinin varlıklarını elinde tutmasına ve yine de varlıkta kilitli değerden yararlanmasına olanak tanır. Ek olarak, Bitcoin kredilerinin son derece hızlı geri dönüş ve kabul süreleri vardır, kredi puanları önemli değildir ve krediler bir dereceye kadar gizlilikle gelir (yani, borç verenlerin parayı neye harcadığınızla hiçbir ilgisi yoktur). Bir borç veren olarak, aksi takdirde yerleşik varlıklardan gelir elde etmek iyi bir stratejidir; her iki tarafta da risk büyük ölçüde Bitcoin'in dalgalanmalarındadır. Her iki durumda da, ilgi çekici bir iş ve daha yeni başlayan ve gerçekten büyük bir büyüme potansiyeline sahip bir iş. Bitcoin ve madeni para kredisi vermek ve almak için en popüler hizmetler blockfi.com, lendabit, youhodler, btcpop, coinloan.io ve mycred.io'dir.

Bitcoin ile ilgili en büyük sorunlar nelerdir?

Bitcoin ne yazık ki mükemmel değil. Türünün ilk örneğiydi ve hiçbir yeni teknoloji ilk denemede mükemmelleştirilemez. Bitcoin'in karşı karşıya olduğu en büyük mevcut ve uzun vadeli sorun, enerji ve ölçektir. Bitcoin, bir PoW (proof-of-work) sistemi aracılığıyla çalışır ve ortaya çıkan dezavantaj, yüksek enerji kullanımıdır; Bitcoin şu anda yılda 78 tW/saat kullanıyor (hepsi olmasa da çoğu karbon kullanıyor). Bir bakış açısı sağlamak için, bir terawatt-saat, bir saat için bir trilyon watt çıkarmaya eşit bir enerji birliğidir. Buna rağmen, Bitcoin ağı geleneksel para sisteminden üç kat daha az enerji tüketir; Sorun, kitlesel benimseme sırasındaki enerji kullanımında ve diğer kripto para birimlerine göre enerji kullanımında yatmaktadır.[18] Ethereum tarafından kullanılana benzer bir PoS (proof-of-stake) sistemi, bir PoW alternatifinden %99,95 daha az enerji kullanır.[19] Bu, herhangi bir mutlak enerji tüketimi verisinden daha önemlidir, çünkü Bitcoin'in şu anda olduğundan çok daha az enerji tüketme potansiyeline sahip

---

[18] "Bankalar Bitcoin'den Üç Kat Daha Fazla Enerji Tüketiyor..." https://bitcoinist.com/banks-consume-energy-bitcoin/.

[19] "Proof-of-stake, Ethereum'u %99,95 daha enerji verimli hale getirebilir..." https://www.morningbrew.com/emerging-tech/stories/2021/05/19/proofofstake-make-ethereum-9995-energyefficient-work.

olduğu gerçeğine işaret eder; ideal bir enerji gereksinimi çok uzakta olsa bile. Ölçeğe ek olarak, Bitcoin'in uzun vadede karşı karşıya olduğu eşit derecede önemli bir sorun (hayatta kalma açısından değil, değer açısından) faydadır. Bitcoin'in doğal bir faydası çok azdır ve bir teknolojiden çok bir değer deposu olarak hizmet eder. Bitcoin'in bir nişi doldurduğu ve dijital bir altın gibi davrandığı iddia edilebilir, ancak hareketsiz bir nişin iki ucu keskin kılıcı, Bitcoin'in oynaklığının uzun vadeli bir değer deposu için son derece yüksek olması ve bir noktada ya oynaklığın azalması gerektiğidir ya da kullanım, yüksek oynaklıkla rahat olan demografi ile sınırlı kalacaktır. En azından, fayda sorunu altcoin alternatifleri sorununu gündeme getiriyor; çünkü kripto para birimlerinin kullanım durumları, özellikle fayda açısından çeşitlidir ve bu nedenle Bitcoin dışındaki kripto para birimleri uzun vadede geniş ölçekte var olmalıdır ve olacaktır. Hangisinin doğru cevaplandığı sorusu çok karlı olacaktır.

Bitcoin'in madeni parası veya jetonu var mı?

Bitcoin madeni paralardan oluşur, ancak jetonlar ve madeni paralar arasındaki farkı anlamak önemlidir. Kripto para tokeni, tıpkı bir coin gibi bir varlığı temsil eden dijital bir birimdir. Bununla birlikte, madeni paralar kendi blok zincirleri üzerine inşa edilirken, jetonlar başka bir blok zinciri üzerine inşa edilir. Birçok token Ethereum blok zincirini kullanır ve bu nedenle coin değil token olarak adlandırılır. Madeni paralar sadece para olarak kullanılırken, jetonlar daha geniş bir kullanım alanına sahiptir. Jetonları anlamak, tam olarak ne ticareti yaptığınızı anlamanın yanı sıra dijital para birimlerinin tüm kullanımlarını anlamanın ayrılmaz bir parçasıdır ve bu nedenlerden dolayı en popüler belirteç alt kategorileri burada analiz edilir:

1. *Menkul kıymet* belirteçleri, ister dijital ister fiziksel olsun, bir varlığın yasal sahipliğini temsil eder. Menkul kıymet tokenlerindeki "güvenlik" kelimesi, güvenli olmak gibi güvenlik anlamına gelmez, bunun yerine "güvenlik", değeri olan ve alınıp satılabilen herhangi bir finansal aracı ifade eder. Temel olarak, menkul kıymet belirteçleri bir yatırımı veya varlığı temsil eder.

2. *Hizmet belirteçleri* mevcut bir protokolde yerleşiktir ve bu protokolün hizmetlerine erişebilir. Protokollerin, düğümlerin izlemesi için kurallar ve bir yapı sağladığını ve hizmet tokenlerinin yalnızca bir ödeme tokeni olmaktan daha geniş amaçlar için kullanılabileceğini unutmayın. Örneğin, hizmet tokenleri genellikle bir ICO sırasında yatırımcılara verilir. Daha sonra yatırımcılar, tokenleri aldıkları platformda bir ödeme aracı olarak aldıkları yardımcı tokenleri kullanabilirler. Akılda tutulması gereken en önemli şey, hizmet tokenlerinin mal ve hizmet satın almak veya satmak için bir araç olarak hizmet etmekten daha fazlasını yapabileceğidir.
3. *Yönetişim tokenleri* , merkezi bir sahip olmadan sistem yükseltmelerine izin veren kripto para birimleri için bir oylama sistemi oluşturmak ve çalıştırmak için kullanılır.
4. *Ödeme (işlem)* belirteçleri yalnızca mal ve hizmetler için ödeme yapmak için kullanılır.

Sadece Bitcoin tutarak para kazanabilir misiniz?

Birçok madeni para, yalnızca varlığı elde tutmak için ödüller sağlayacaktır; Ethereum sahipleri yakında stake edilen ETH'de %5 APR kazanacak. Bununla birlikte, önemli kelime "stake edilir" çünkü yalnızca madeni parayı veya jetonu tutmak için para sunan ("stake ödülleri" olarak adlandırılır) tüm madeni paralar bir PoS (hisse kanıtı) sistemi ve algoritması üzerinde çalışır. PoS algoritması, bir kişinin sahip olduğu coin sayısına göre işlemleri çıkarmasına ve doğrulamasına olanak tanıyan PoW'a (proof-of-work) bir alternatiftir. Yani, PoS ile ne kadar çok sahip olursanız, o kadar çok madencilik yaparsınız. Ethereum yakında proof-of-stake üzerinde çalışabilir ve birçok alternatif zaten bunu yapıyor. Tüm bunlar, Bitcoin'inizi borç alanlara ödünç vererek hala faiz kazanabilirsiniz.

Bitcoin'de kayma var mı?

Bir bağlam sağlamak için, bir piyasa emri ile bir işlem yapıldığında kayma meydana gelebilir. Piyasa emirleri mümkün olan en iyi fiyattan gerçekleşmeye çalışır, ancak bazen beklenen fiyat ile gerçek fiyat arasında kayda değer bir fark ortaya çıkar. Örneğin, examplecoin'in 100 $ olduğunu görebilirsiniz, bu nedenle 1000 $ için bir piyasa emri verdiniz. Ancak, beklenen 10'un aksine, 1000$'ınız için yalnızca 9,8 examplecoin alırsınız. Kayma, alış/satış spreadlerinin hızlı bir şekilde değişmesi (temel olarak piyasa fiyatının değişmesi) nedeniyle gerçekleşir. Bitcoin ve çoğu kripto para birimi kaymaya yatkındır; Bu nedenle, büyük bir emir veriyorsanız, piyasa emri yerine limit emri vermeyi düşünün. Bu, kaymayı ortadan kaldıracaktır.

Hangi Bitcoin kısaltmalarını bilmeliyim?

ATH

"Tüm zamanların en yüksek" anlamına gelen kısaltma. Bu, bir kripto para biriminin belirli bir süre içinde ulaştığı en yüksek fiyattır.

ATL (ATL)

"Tüm zamanların en düşük" anlamına gelen kısaltma. Bu, bir kripto para biriminin belirli bir süre içinde ulaştığı en düşük fiyattır.

BTD (Türkçe)

"Dipten Satın Al" anlamına gelen kısaltma. Bazı tuzlu dillerle birlikte BTFD olarak da temsil edilebilir.

CEX (CEX)

"Merkezi değişim" anlamına gelen kısaltma. Merkezi borsalar, işlemleri yöneten bir şirkete aittir. Coinbase popüler bir CEX'tir.

ICO (ICO)

"İlk madeni para teklifi."

P2P (P2P)

"Ayaklar ayaktır."

PND (PND)

"Pompala ve boşalt."

ROİ

"Yatırımın geri dönüşü."

DLT (İngilizce)

"Dağıtılmış Defter Teknolojisi" anlamına gelen kısaltma. Dağıtılmış defter, işlemlerin birden çok tarafça doğrulanabilmesi için birçok farklı konumda depolanan bir defterdir. Blockchain ağları, dağıtılmış defterler kullanır.

SATS Sınavları

SATS, Bitcoin'in yaratıcısı tarafından kullanılan takma ad olan Satoshi Nakamoto'nun kısaltmasıdır. SATS, 0.00000001 BTC olan izin verilen en küçük bitcoin birimidir. Bitcoin'in en küçük birimi aynı zamanda basitçe Satoshi olarak da adlandırılır.

Hangi Bitcoin argosunu bilmeliyim?

Çanta

Çanta, kişinin pozisyonunu ifade eder. Örneğin, bir madeni parada büyük bir miktara sahipseniz, bir çantanız vardır.

Çanta Tutucu

Çanta sahibi, değersiz bir madeni parada pozisyonu olan bir tüccardır. Çanta sahipleri genellikle değersiz konumlarına umut bağlarlar

Yunus

Kripto sahipleri birkaç farklı hayvan aracılığıyla sınıflandırılır. 10 milyonlarcası gibi son derece büyük holdinglere sahip olanlara balinalar, orta büyüklükte olanlara ise yunuslar denir.

Çevirme / Kanat Kırpma

"Flippening", Etherium'un (ETH) piyasa değerinde Bitcoin'i (BTC) geçtiği varsayımsal anı tanımlamak için kullanılır. Litecoin'in (LTC) piyasa değeri olarak Bitcoin Cash'i (BCH) geçtiği an "flappening" oldu. Flappening 2018'de gerçekleşti, ancak flippening henüz gerçekleşmedi ve tamamen piyasa değerine dayalı olarak gerçekleşmesi pek olası değil.

Ay / Ay'a

"Ay'a" ve "Ay'a gidiyor" gibi terimler, kripto para biriminin değerinin genellikle aşırı miktarda artmasını ifade eder.

Vaporware

Vaporware, abartılmış, ancak çok az içsel değeri olan ve değerinin düşmesi muhtemel bir madeni para veya jetondur.

Vladimir Kulübü

Bir kripto para biriminin maksimum arzının %1'inin %1'ini (%0,01) satın alan birini tanımlayan bir terim.

Zayıf Eller

"Zayıf ellere" sahip olan tüccarlar, varlıklarını elinde tutacak güvenden yoksundur. volatilite yüzü ve ticaret planlarına bağlı kalmak yerine genellikle duygularla ticaret yapmak.

REKT

"Enkaz" kelimesinin fonetik yazımı.

HODL DEĞERLENDİRİN

"Sevgili hayat için bekle."

DYOR (DYOR Türkçesi)

"Kendi araştırmanı kendin yap."

CESARET

"Kaçırma korkusu."

FUD (FUD)

"Korku, belirsizlik ve şüphe."

JOMO (JOMO)

"Kaçırmanın sevinci."

ELI5

"5 yaşındaymışım gibi açıkla."

Bitcoin ticareti yapmak için kaldıraç ve marj kullanabilir misiniz?

Kaldıraçlı ticarete aşina olmayanlar için bağlam sağlamak için, tüccarlar üçüncü bir taraftan ödünç alınan fonlarla işlem yaparak ticaret gücünden "kaldıraç" alabilirler. Örneğin, 1.000$'ınız olduğunu ve 5x kaldıraç kullandığınızı varsayalım; Şu anda 4.000 $ 'ını ödünç aldığınız 5.000 $ değerinde fonla işlem yapıyorsunuz. Aynı işlevle, 10x kaldıraç 10.000$ ve 100x 100.000$'dır. Kaldıraç, size ait olmayan parayı kullanarak ve ekstra kârın bir kısmını elinizde tutarak kârınızı artırmanıza olanak tanır. Marj ticareti, kaldıraç ticareti ile neredeyse değiştirilebilir (marj kaldıraç oluşturduğundan) ve tek fark, marjın gerekli mevduat yüzdesi olarak ifade edilmesi, kaldıraç ise bir orandır (yani, 3x kaldıraçla marj ticareti yapabilirsiniz). Kaldıraç ve marj ticareti çok risklidir; Genel olarak konuşursak, deneyimli bir tüccarınız yoksa ve biraz finansal istikrarınız yoksa, kaldıraç ticareti önerilmez. Bununla birlikte, birçok borsa Bitcoin ve diğer kripto para birimleri için kaldıraçlı ticaret hizmetleri sunmaktadır. Aşağıdakiler, kripto kaldıraç ticareti sunan en iyi hizmetleri listeler:

- [Binance](#) (popüler, genel olarak en iyisi)
- [Bybit](#) (en iyi grafikler)

- [BitMEX](#) (kullanımı en kolay)
- [Deribit](#) (kaldıraçlı Bitcoin ticareti için en iyisi)
- [Kraken](#) (popüler, kullanıcı dostu)
- [Poloniex](#) (yüksek likidite)

Bitcoin balonu nedir?

Bitcoin'deki ve tüm yatırımlardaki bir balon, her şeyin sürdürülemez bir oranda arttığı bir zamanı ifade eder. Çoğu zaman, baloncuklar patlar ve büyük bir çarpışmayı tetikler. Bu nedenle, ister bir bütün olarak piyasaya ister belirli bir coin veya token'a atıfta bulunsun, bir balonun içinde olmak hem iyi hem de (dahası) kötü bir şeydir.

Bitcoin'de "yükseliş" veya "düşüş" ne anlama geliyor?

Ayı olmak, bir madeni paranın, jetonun fiyatının veya bir bütün olarak piyasanın değerinin düşeceğini düşündüğünüz anlamına gelir. Böyle düşünürseniz, verilen menkul kıymette de "düşüş" olarak kabul edilirsiniz. Bunun tersi yükselişe geçmektir: Bir menkul kıymetin değerinin artacağını düşünen bir kişi, o menkul kıymet konusunda yükselişe geçer. Bu kelimeler borsa terminolojisinde popüler hale geldi ve kökeninin hayvanların özelliklerine bağlı olduğu düşünülüyor: bir boğa bir rakibe saldırırken boynuzlarını yukarı doğru iterken, bir ayı ayağa kalkıp aşağı kaydıracak.

Bitcoin döngüsel mi?

Evet, Bitcoin tarihsel olarak döngüseldir ve tarihsel olarak aşağıdakilere ayrılan çok yıllı döngülerde (özellikle 4 yıllık döngüler) çalışma eğilimindedir: atılım zirveleri, bir düzeltme, birikim ve son olarak toparlanma ve devam. Bu, büyük bir yukarı, büyük aşağı, küçük yukarı veya yana doğru ve büyük bir yukarı olarak basitleştirilebilir. Çığır açan zirveler genellikle Bitcoin'in her dört yılda bir gerçekleşen (en sonuncusu 2020'de gerçekleşen) yarılanma olaylarını (normalde bir yıl kadar sonra) takip eder. Bu, hiçbir şekilde kesin bir bilim değildir, ancak Bitcoin'in orta vadeli potansiyeli ve fiyat hareketi hakkında bir bakış açısı sağlar. Ek olarak, Altcoin'lerde (özellikle orta ve küçük altcoinlerde) büyük sıçramalar, tipik olarak, Bitcoin ne büyük bir yukarı yönlü hareket ne de büyük bir aşağı yönlü hareket yaparken ve genellikle büyük bir yukarı yönlü hareketi takip ederken meydana gelir. Böyle bir noktada, yatırımcılar Bitcoin karlarını (fiyat konsolide olurken) alır ve bunları daha küçük madeni paralara koyar. Bu nedenle, tüm bunlar, özellikle Bitcoin almayı veya satmayı düşünüyorsanız, genellikle düşünülmesi gereken bir şeydir.

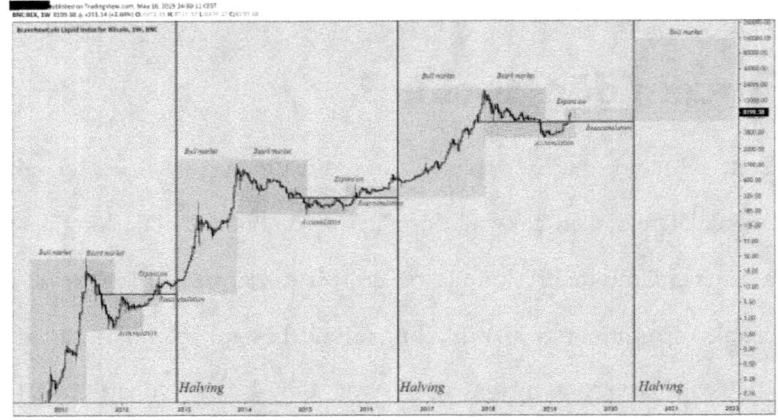

2021

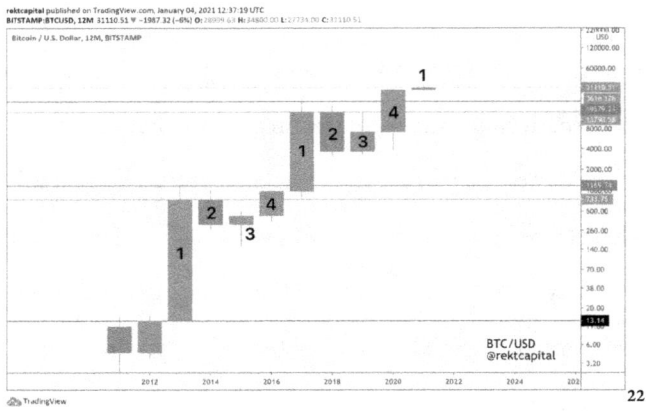

²²

---

²⁰
²¹ "Bitcoin'in Dört Yıllık Döngülerinin Ayrıntılı Dökümü | Forex Akademisi." 10 Şubat 2021, https://www.forex.academy/detailed-breakdown-of-bitcoins-four-years-cycles/. Erişim tarihi: 4 Eylül 2021.
²² "Bitcoin'in Dört Yıllık Döngülerinin Ayrıntılı Bir Dökümü | Hacker Öğlen." 29 Ekim 2020, https://hackernoon.com/a-detailed-breakdown-of-bitcoins-four-year-cycles-icp3z0q. Erişim tarihi: 4 Eylül 2021.

Bitcoin'in Faydası Nedir?

Bir coin veya token içindeki fayda, durum tespitinin en önemli yönlerinden biridir, çünkü bir coin veya token'ın arkasındaki mevcut ve uzun vadeli faydayı ve değeri anlamak, potansiyelin çok daha net bir analizine olanak tanır. Fayda, yararlı ve işlevsel olarak tanımlanır; Kripto paralar veya faydalı jetonlar gerçek, pratik kullanımlara sahiptir: sadece var olmakla kalmazlar, daha ziyade bir sorunu çözmeye veya bir hizmet sunmaya hizmet ederler. En işlevsel güncel kullanımlara ve kullanım durumlarına sahip madeni paraların, sürekli amaç, kullanım ve yenilik içermeyenlerin aksine başarılı olması muhtemeldir. İşte Bitcoin'inki de dahil olmak üzere birkaç vaka çalışması:

- ❖ Bitcoin (BTC), "dijital altın" gibi güvenilir ve uzun vadeli bir değer deposu olarak hizmet ediyor.
- ❖ Ethereum (ETH), Ethereum blok zincirinin üzerinde dApp'lerin ve Akıllı Sözleşmelerin oluşturulmasına izin verir.
- ❖ Storj (STORJ), Google Drive ve Dropbox'a benzer şekilde verileri bulutta merkezi olmayan bir şekilde depolamak için kullanılabilir.
- ❖ Basic Attention Token (BAT), Brave tarayıcısında ödüller kazanmak ve içerik oluşturuculara ipuçları göndermek için kullanılır.

- Golem (GNT), GNT token'ler karşılığında kiralanabilir bilgi işlem kaynakları sunan küresel bir süper bilgisayardır.

Bitcoin'i tutmak mı yoksa takas etmek mi daha iyi?

Tarihsel olarak konuşursak, Bitcoin'i basitçe tutmak daha karlı ve daha kolaydır. Başarılı bir şekilde ticaret yapmak (veya elinde tutanlardan daha fazla kar elde etmek) için gereken zaman, çaba ve zamanlama, bir araya getirilmesi son derece zor bir karışımdır; Bunu yapanlar genellikle tam zamanlı tüccarlardır veya başkalarının sahip olmadığı araçlara erişimi vardır. Bu düzeyde bir bağlılığı benimsemeye istekli değilseniz veya süreçten gerçekten zevk almıyorsanız, Bitcoin'i uzun vadede tutmanız ve satın almanız çok daha iyidir.

Bitcoin'e yatırım yapmak riskli mi?

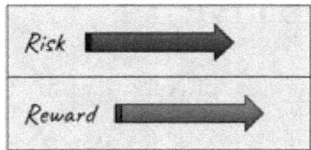

Yukarıdaki görüntü, risk-getiri dengesi ilkesine dayanmaktadır. Şu anda kripto piyasasında olduğu gibi, herkesin para kazandığını gördüğümüzde (sosyal medya tarafından büyük ölçüde ve tehlikeli bir şekilde etkinleştirildiği gibi, çünkü herkes kayıpları değil kazançları yayınlar), bilinçaltında (veya bilinçli olarak) önemli bir risk eksikliğini üstlenmeye eğilimliyiz. Bununla birlikte, genel olarak konuşursak (özellikle yatırımlarla ilgili olarak), ne kadar çok ödül varsa, o kadar fazla risk vardır. Kripto para birimlerine yatırım yapmak risksiz veya düşük riskli değildir; Son derece risklidir, ancak iki ucu keskin bir kılıç olduğu için aynı zamanda aşırı ödül sunar.

Bitcoin teknik incelemesi nedir?

White paper, bir kuruluş tarafından belirli bir ürün, hizmet veya genel fikir hakkında yayınlanan bilgilendirici bir rapordur. Teknik incelemeler kavramı açıklar (gerçekten, satar) ve gelecekteki olaylar hakkında bir fikir ve zaman çizelgesi sağlar. Genel olarak bu, okuyucuların bir sorunu anlamasına, makalenin yaratıcılarının bu sorunu nasıl çözmeyi amaçladığını anlamalarına ve o proje hakkında bir fikir oluşturmalarına yardımcı olur. Üç tür teknik inceleme, iş alanını sık sık kullanır: birincisi, bir ürün, hizmet veya fikrin arkasındaki arka planı açıklayan ve okuyucuyu satan teknik, eğitim odaklı bilgiler sağlayan "arka plan". İkinci bir teknik inceleme türü, içeriği sindirilebilir, sayı odaklı bir biçimde görüntüleyen bir "numaralandırılmış liste" dir. Örneğin, "coin CM için 10 kullanım durumu" veya "token HL'nin piyasaya hakim olmasının 10 nedeni". Son tür, ürün, hizmet veya fikrin çözmeyi amaçladığı sorunu tanımlayan ve oluşturulan çözümü açıklayan bir sorun/çözüm teknik incelemesidir.

Teknik incelemeler, kripto alanında yeni kavramları ve belirli bir projeyi çevreleyen teknikleri, vizyonu ve planları açıklamak için kullanılır. Tüm profesyonel kripto projeleri, genellikle web sitelerinde bulunan bir teknik incelemeye sahip olacaktır. Teknik incelemeyi okumak, bir projeyi pratik olarak diğer tüm erişilebilir bilgi kaynaklarından daha iyi anlamanızı sağlar. Bitcoin'in teknik incelemesi 2008'de yayınlandı ve şeffaf ve kontrol edilemez kriptografik olarak güvenli, dağıtılmış ve P2P elektronik ödeme sisteminin ilkelerini özetledi. Orijinal Bitcoin teknik incelemesini aşağıdaki bağlantıdan kendiniz okuyabilirsiniz:

bitcoin.org/bitcoin.pdf

Aşağıda, kripto para birimi teknik incelemeleri hakkında daha fazla bilgi veya bunlara erişim sağlayan birkaç web sitesi bulunmaktadır.

Tüm Kripto Teknik İncelemeleri

https://www.allcryptowhitepapers.com/

Kripto Derecelendirmesi

https://cryptorating.eu/whitepapers/

Madeni Para Masası

https://www.coindesk.com/tag/white-papers

Bitcoin anahtarları nedir?

Anahtar, verileri şifrelemek için algoritmalar tarafından kullanılan rastgele bir karakter dizisidir. Bitcoin ve çoğu kripto para birimi iki anahtar kullanır: genel anahtar ve özel anahtar. Her iki tuş da harf ve rakamlardan oluşan dizilerdir. Bir kullanıcı ilk işlemini başlattığında, bir ortak anahtar ve bir özel anahtar çifti oluşturulur. Genel anahtar, kripto para birimlerini almak için kullanılırken, özel anahtar, kullanıcının hesabından işlem yapmasına izin verir. Her iki anahtar da bir cüzdanda saklanır.

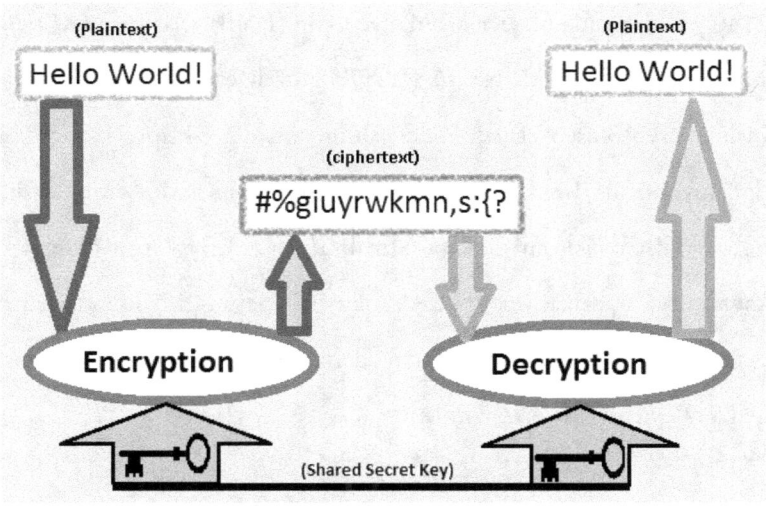

[23] Dev-NJITWILL / PDM / File:Crypto.png

Bitcoin kıt mı?

Evet. Bitcoin, sabit arzı olan deflasyonist bir varlıktır. Sabit arzlı kripto para birimlerinin algoritmik bir arz limiti vardır. Bitcoin, belirtildiği gibi, sabit arzlı bir varlıktır, çünkü 21 milyon dolaşıma girdikten sonra daha fazla madeni para yaratılamaz. Şu anda, bitcoin'in yaklaşık %90'ı çıkarıldı ve toplam arzın yaklaşık %0,5'i her yıl dolaşımdan kaldırılıyor (madeni paraların erişilemeyen hesaplara gönderilmesi nedeniyle). Halving'e göre (daha sonra ele alınacaktır), Bitcoin maksimum arzına 2140 yılı civarında ulaşacak. Binance Coin (BNB), Cardano (ADA), Litecoin (LTC) ve ChainLink (LINK) gibi diğer birçok kripto para birimi (cryptoli.st web sitesinden alınmıştır, diğer kripto listeleriyle ilgileniyorsanız bunları kendiniz kontrol edin) de sabit arzlı, deflasyonist bir sistem üzerine kurulmuştur. Deflasyonist sistemler kavramı ve bunun Bitcoin'i neden kıt hale getirdiği hakkında daha fazla bilgi, aşağıdaki "Bitcoin'in deflasyonist olması ne anlama geliyor?" sorusunda özetlenmiştir.

Bitcoin balinaları nedir?

Kripto para birimindeki balinalar, fiyat hareketini etkileme potansiyeline sahip büyük oyuncular olarak kabul edilmek için belirli bir madeni para veya jetona yeterince sahip olan kişi veya kuruluşları ifade eder. Yaklaşık 1000 bireysel Bitcoin balinası, tüm Bitcoin'lerin %40'ına sahiptir ve tüm Bitcoin'in %13'ü 100'den fazla hesapta tutulmaktadır.[24] Bitcoin balinaları, Bitcoin fiyatını çeşitli stratejilerle manipüle edebilir ve son yıllarda kesinlikle bunu yaptı. İlginç bir ilgili makale (Medium tarafından yayınlanan) "Bitcoin Balinaları ve Kripto Piyasası Manipülasyonu"dur.

---

[24] "Bitcoin 'balinalarının' tuhaf dünyası 22 Ocak 2021,
https://www.telegraph.co.uk/technology/2021/01/22/weird-world-bitcoin-whales-2500-people-control-40pc-market/.

Bitcoin Madencileri Kimlerdir?

Bitcoin madencileri, Bitcoin ağına hesaplama gücü sağlayan herkestir. Bu, Nicehash PC kullanıcılarından eksiksiz madencilik çiftliklerine kadar uzanır; Ağa herhangi bir güç ekleyen (böylece hash oranını artıran) herkes madenci olarak tanımlanır. Bitcoin madencileri, Bitcoin cinsinden ödüller karşılığında işlemleri doğrulamak ve blok zincirine bloklar eklemek için kullanılan Bitcoin ağına hesaplama gücü sunar.

Bitcoin'i "yakmak" ne anlama geliyor?

"Yakılmış" terimi, madeni paraların dolaşımdan çıkarılmasını sağlayan, dolayısıyla deflasyonist bir araç olarak hareket eden ve ağdaki diğer madeni paraların değerini artıran bir arz mekanizması olan yakma sürecini ifade eder (kavramı, borsada hisse senedi satın alan bir şirkete çok benzer). Yakma işlemi birkaç farklı şekilde gerçekleştirilebilir: Bu yollardan biri, "yiyen adresi" adı verilen erişilemeyen bir cüzdana para göndermektir. Bu durumda, tokenler teknik olarak toplam arzdan çıkarılmamış olsa da, dolaşımdaki arz etkili bir şekilde azalmıştır. Şu anda, bu süreçte yaklaşık 3,7 milyon Bitcoin (200+ milyar değer) kaybedildi. Tokenler, bir tokeni yöneten protokollere bir yakma işlevi kodlanarak da yakılabilir, ancak çok daha popüler seçenek, belirtilen yiyen adresleridir. Timothy Paterson adlı bir kripto para analizi, her gün 1.500 Bitcoin'in kaybolduğunu ve bunun 900'lük ortalama günlük artışı (madencilik yoluyla) çok aştığını iddia etti. Nihayetinde, bir noktaya kadar, madeni paraların kaybı kıtlığı ve değeri artırır.

Bitcoin'in deflasyonist olması ne anlama geliyor?

Bitcoin sabit arzlı bir varlıktır (yani madeni para arzının algoritmik bir sınırı vardır), çünkü 21 milyon dolaşıma girdikten sonra daha fazla madeni para yaratılamaz. Şu anda, Bitcoin'lerin yaklaşık %90'ı çıkarıldı ve toplam arzın yaklaşık %0,5'i yılda kaybediliyor. Halving'in bir sonucu olarak, Bitcoin 2140 civarında maksimum arzına ulaşacak. Sabit tedarik sisteminin en belirgin faydası, bu tür sistemlerin deflasyonist olmasıdır. Deflasyonist varlıklar, toplam arzın zamanla azaldığı ve dolayısıyla her birimin değerinin arttığı varlıklardır. Örneğin, 10 kişiyle birlikte ıssız bir adada mahsur kaldığınızı ve her kişinin 1 şişe suyu olduğunu varsayalım. Bazı insanlar muhtemelen sularını içeceklerinden, toplam 100 şişe su kaynağı sadece azalabilir. Bu, suyu deflasyonist bir varlık haline getirir. Toplam arz azaldıkça, her su şişesi giderek daha değerli hale gelir. Diyelim ki, şimdi sadece 20 su şişesi kaldı. 20 su şişesinin her biri, 100 su şişesinin tamamı dolaştırılırken bir zamanlar 5 su şişesinin değeri kadar değerlidir. Bu şekilde, deflasyonist varlıkların uzun vadeli sahipleri, bütüne göre temel değer (su şişesi örneğinde, 100'de 1 şişe %1, 20'de 1 %5, her şişeyi 5 kat daha değerli hale getirir) arttığı için varlıklarının değerinde bir artış yaşarlar. Genel olarak, dijital altın gibi (özellikle Bitcoin ile ilgili olarak) sabit arzlı ve deflasyonist bir model, zaman içinde her bir madeni paranın veya jetonun temel değerini artıracak ve kıtlık yoluyla değer yaratacaktır.

Bitcoin'in hacmi nedir?

"Hacim" olarak bilinen işlem hacmi, belirli bir zaman dilimi içinde işlem gören coin veya token sayısıdır. Hacim, belirli bir madeni paranın veya genel piyasanın göreceli sağlığını gösterebilir. Örneğin, bu yazı itibariyle, Bitcoin (BTC) 24 saatlik 46 milyar dolarlık bir hacme sahipken, Litecoin (LTC) aynı zaman diliminde 7 milyar dolarlık işlem gördü. Bununla birlikte, bu sayının kendisi biraz keyfidir; Hacim içinde standartlaştırılmış bir karşılaştırma aracı, piyasa değeri ile hacim arasındaki orandır. Örneğin, yukarıdaki iki kripto para ile devam edersek, Bitcoin'in 1,1 trilyon dolarlık bir piyasa değeri ve 46 milyar dolarlık bir hacmi var, bu da ağdaki her 24 dolardan 1 doların son 24 saat içinde işlem gördüğü anlamına geliyor. Litecoin'in piyasa değeri 16,7 milyar dolar ve 24 saatlik hacmi 7 milyar dolar, yani ağdaki her 2,3 doların 1 doları son 24 saat içinde işlem gördü. Hacmin anlaşılmasıyla, bir madeni para hakkındaki popülerlik, oynaklık, fayda vb. gibi diğer bilgiler daha iyi anlaşılabilir. Bitcoin ve diğer kripto para birimlerinin hacmine ilişkin bilgileri aşağıda bulabilirsiniz:

CoinMarketCap - coinmarketcap.com

CoinGecko – coingecko.com

Bitcoin madenciliği nasıl yapılır?

Bitcoin, düğümlerin uygulanması yoluyla çıkarılır (özetlemek gerekirse, düğümler ağdaki bilgisayarlardır). Düğümler karmaşık hash problemlerini çözer ve düğüm sahipleri, tamamlanan iş miktarıyla (dolayısıyla iş kanıtı) orantılı olarak ödüllendirilir. Bu şekilde, düğüm sahipleri (madenciler olarak adlandırılır) Bitcoin madenciliği yapabilir.

Bitcoin ile USD alabilir misiniz?

Evet! Doğrudan aşağıdaki soruda, çiftler hakkında bilgi edineceksiniz.

İtibari para birimleri, bir fiat-kripto çifti aracılığıyla Bitcoin'e dönüştürülebilir ve Bitcoin'den çıkarılabilir. Bitcoin-USD çifti BTC/USD'dir. ABD doları, Bitcoin ve diğer para birimleri için karşıt para birimidir, bu da USD'nin diğer kripto para birimlerinin karşılaştırıldığı ölçüt olduğu anlamına gelir; bu yüzden Bitcoin gerçekten 50.000 ABD dolarına eşdeğer bir değere ulaşırken "Bitcoin 50.000'e ulaştı" diyebilirsiniz.

Bitcoin çifti nedir?

Tüm kripto para birimleri çiftler halinde çalışır. Bir çift, bu tür kriptoların değiş tokuş edilmesine izin veren iki kripto para biriminin birleşimidir. Bir BTC/ETH (kriptodan kriptoya) çifti, Bitcoin'in Ethereum ile değiştirilmesine izin verir ve bunun tersi de geçerlidir. BTC/USD (kripto-fiat) çifti, Bitcoin'in ABD Doları ile takas edilmesine izin verir ve bunun tersi de geçerlidir. Büyük miktarda küçük kripto para birimi göz önüne alındığında, döviz piyasası, sırayla başka herhangi bir şeye dönüşen birkaç büyük kripto para birimine odaklanmıştır. Örneğin, bir Celo (CGLD) - Fetch.ai (FET) çifti mevcut olmayabilir, ancak bir CGLD/BTC ve bir BTC/FET çifti, CGLD'nin FET'e dönüştürülmesine izin verir. Basitçe söylemek gerekirse, çiftler farklı varlıkları birbirine bağlayan ağdır. Çiftler ayrıca, farklı borsalar ve piyasalar arasındaki çift fiyatlarındaki fark üzerinden işlem gören arbitraja da izin verir.

Bitcoin, Ethereum'dan daha mı iyi?

Bitcoin ve Etherem arasındaki temel fark, değer önerisidir. Bitcoin, dijital bir altınla akraba olan bir değer deposu olarak yaratılırken, Ethereum, merkezi olmayan uygulamaların (dApp'ler) ve akıllı sözleşmelerin (ETH belirteci ve Solidity programlama dili tarafından desteklenen) oluşturulduğu bir platform görevi görür. Ethereum blok zincirinde dApp'leri çalıştırmak için ETH'ye ihtiyaç duyulduğundan, ETH'nin değeri bir şekilde faydaya bağlıdır. Tek cümleyle; Bitcoin bir para birimidir, Ethereum ise bir teknolojidir ve bu bağlamda Ethereum, Bitcoin'e rakip olarak değil, onu tamamlamak ve onunla birlikte inşa etmek için yaratılmıştır. Bunun için hangisinin daha iyi olduğu sorusu, bir elmayı bir tuğla ile karşılaştırmak gibidir; Her ikisi de yaptıkları işte harikadır ve birini diğerine tercih etmek, değer önerisini diğerine tercih etmektir (örneğin: yemek için elmaya ihtiyacımız var, ancak barınak oluşturmak için tuğlaya ihtiyacımız var), bu sorunun net veya üzerinde anlaşmaya varılmış bir cevabı yok.

Bitcoin ile bir şeyler satın alabilir misiniz?

Bitcoin, ortak bir değer duygusunu temsil eder; Değer, tıpkı diğer para birimleri gibi eşdeğer veya eşdeğere yakın öğelerle işlem görebilir ve değiştirilebilir. Buna rağmen, çoğu şeyi Bitcoin ile doğrudan satın almak oldukça zor veya imkansızdır (bununla birlikte, seçenekler mevcuttur ve hızla genişlemektedir). Tabii ki, kişi her zaman Bitcoin'i kendi para birimiyle değiştirebilir ve para birimini bir şeyler satın almak için kullanabilir, ancak soru şu: Neden diğer dijital ödeme yöntemleriyle ödeyeceğiniz herhangi bir ürünü satın almak için Bitcoin'i kullanamıyorsunuz? Böyle bir soru karmaşıktır, ancak çoğunlukla, yerleşik devlet destekli para birimleri sisteminin bir süredir işe yaradığı, kripto para birimlerinin ise yeni olduğu ve hükümet kontrolü ve etkisi dışında çalıştığı gerçeğiyle ilgilidir. Mevcut eğilimler, kripto para birimlerinin büyük ölçüde çevrimiçi (ve bir dereceye kadar çevrimdışı) perakendecilere, toptancılara ve bağımsız satıcılara (Stripe, PayPal, Square, vb. gibi ödeme işlemcileriyle entegrasyon yoluyla) entegre olduğuna işaret ediyor. Halihazırda Microsoft (Xbox mağazasında), Home Depot (Flexa aracılığıyla), Starbucks (Bakkt aracılığıyla), Whole Foods (Spedn aracılığıyla) ve diğer birçok şirket Bitcoin'i kabul ediyor; devrilme noktaları, Bitcoin'i kabul eden büyük çevrimiçi perakendeciler (Amazon, Walmart, Target, vb.) ve hükümetlerin kripto para birimlerini bir ödeme yöntemi olarak benimsediği veya geri ittiği noktadır.

Bitcoin'in tarihi nedir?

1991 yılında, kriptografik olarak güvenli bir blok zinciri ilk kez kavramsallaştırıldı. Yaklaşık on yıl sonra, 2000 yılında Stegan Knost, kriptografi güvenli zincirler hakkındaki teorisini ve pratik uygulama fikirlerini yayınladı ve bundan 8 yıl sonra Satoshi Nakamoto, bir blok zinciri için bir model oluşturan bir teknik inceleme (bir teknik inceleme, kapsamlı bir rapor ve kılavuzdur) yayınladı. 2009 yılında Nakamoto, geliştirdiği kripto para birimi kullanılarak yapılan işlemler için halka açık defter olarak kullanılan ilk blok zincirini uyguladı. Son olarak, 2014 yılında, blok zinciri ve blok zinciri ağları için kullanım durumları kripto para biriminin dışında gelişmeye başladı ve böylece Bitcoin ve blok zincirinin olanaklarını daha geniş bir dünyaya açtı.

Bitcoin nasıl satın alınır?

Bitcoin öncelikle borsalar aracılığıyla satın alınabilir ve daha sonra borsada veya bir cüzdanda tutulabilir. ABD'li ve küresel kullanıcılar için popüler borsalar aşağıda listelenmiştir:

ABD

Coinbase - coinbase.com (yeni yatırımcılar için en iyisi)

PayPal - paypal.com (zaten PayPal kullananlar için kolay)

Binance US - binance.us (altcoinler, ileri düzey yatırımcılar için en iyisi)

Bisq - bisq.network (merkezi olmayan)

Küresel (ABD'de mevcut değil/sınırlı işlevsellik)

Binance - binance.com (genel olarak en iyisi)

Huibo Global - huobi.com (çoğu teklif)

7b - sevenb.io (kolay)

Crypto.com - crypto.com (en düşük ücretler)

Bir borsada bir hesap oluşturulduktan sonra, kullanıcılar istedikleri kripto para birimlerini satın almak için hesaba fiat para birimi aktarabilirler.

Bitcoin iyi bir yatırım mı?

Tarihsel açıdan, Bitcoin son on yılın en iyi yatırımlarından biridir; bileşik getiri oranı yılda yaklaşık% 200 olmuştur ve 2010 yılında Bitcoin'e yatırılan 10 $ bugün 7.6 milyon $ değerinde olacaktır (şaşırtıcı bir şekilde% 76.500.000 yatırım getirisi). Bununla birlikte, Bitcoin'in geçmişte ürettiği hızlı getiriler kendilerini süresiz olarak sürdüremez ve Bitcoin'in iyi bir yatırım olup olmayacağı sorusu tamamen başka bir sorudur. Genel olarak, gerçekler şu anda Bitcoin'i uzun vadeli iyi bir bekletme olarak ortaya koyuyor, özellikle de merkeziyetsizlik ve blok zincirinin hızlanan eğilimlerine inanıyorsanız. Bununla birlikte, bir dizi siyah kuğu olayı Bitcoin'e aşırı zarar verebilir ve bir dizi rakip Bitcoin'in yerini geçebilir. Yatırım yapıp yapmama sorusu gerçeklerle desteklenmelidir, ancak size dayanmalıdır: üstlenmek istediğiniz risk miktarı, riske atabileceğiniz ve riske atmaya istekli olduğunuz para miktarı vb. Peki, araştırıyor musunuz, mümkün oldukça rasyonel düşünüyor musunuz ve pişman olmayacağınız ticaret kararları veriyor musunuz?

Bitcoin çökecek mi?

Bitcoin çok döngüsel bir varlıktır ve düzenli olarak çökme eğilimindedir. Uzun vadeli Bitcoin sahipleri için, ani çöküşler ve sürekli ayı dönemleri çok muhtemeldir. Bitcoin, 2012'den bu yana üç farklı kez %80 veya daha fazla düştü (diğer piyasalarda felaket olarak kabul edilen bir sayı); Her durumda, hızla geri döndü. Tüm bunlar kısmen Bitcoin'in hala fiyat keşif aşamasında olması ve benimsenme açısından hızla büyümesinden kaynaklanıyor, bu nedenle oynaklık yaygınlaşıyor. Özetle; Tarihsel olarak konuşursak, Bitcoin şüphesiz çökecek olsa da, şüphesiz toparlanacaktır.

Bitcoin'in PoW sistemi nedir?

Belirli bir blok zincirinde işlemleri onaylamak ve yeni bloklar oluşturmak için bir PoW algoritması kullanılır. İş kanıtı anlamına gelen PoW, kelimenin tam anlamıyla bloklar oluşturmak için çalışmanın (matematiksel denklemler aracılığıyla) gerekli olduğu anlamına gelir. İşi yapan insanlar madencilerdir ve madenciler hesaplama çabaları için eşitlik yoluyla ödüllendirilir.

Bitcoin halving nedir?

Halving, coin'lerin sabit arzlı bir kripto para birimine eklenme oranını yöneten bir arz mekanizmasıdır. Fikir ve süreç, her 4 yılda bir yarıya inen Bitcoin tarafından popüler hale getirildi. Halving, madencilik ödüllerinde programlanmış bir azalma ile harekete geçirilir; Blok ödülleri, belirli bir blok zinciri ağındaki işlemleri işleyen ve doğrulayan madencilere (aslında bilgisayarlara) verilen ödüllerdir. 2016'dan 2020'ye kadar, Bitcoin ağındaki tüm bilgisayarlar (düğümler olarak adlandırılır) toplu olarak her 10 dakikada bir 12,5 Bitcoin kazandı ve bu, dolaşıma giren Bitcoin sayısıydı. Ancak, 11 Mayıs 2020'den sonra ödüller aynı zaman diliminde 6,25 Bitcoin'e düştü. Bu şekilde, kabaca her dört yılda bir tekabül eden her 210.000 blok için blok ödülleri, 2040 yılı civarında maksimum 21 milyon jeton sınırına ulaşılana kadar yarıya inmeye devam edecek. Bu nedenle, yarılanmanın, talebi değiştirmeden arzı azaltarak Bitcoin ve diğer kripto para birimlerinin değerini artırması muhtemeldir. Kıtlık, belirtildiği gibi, değeri artırır ve sınırlı arz, artan taleple birleştiğinde giderek daha fazla kıtlık yaratır. Bu nedenle, yarılanma tarihsel olarak Bitcoin fiyatını yükseltti ve muhtemelen uzun vadeli bir büyüme katalizörü olacak. Rakam kredisi medium.com.

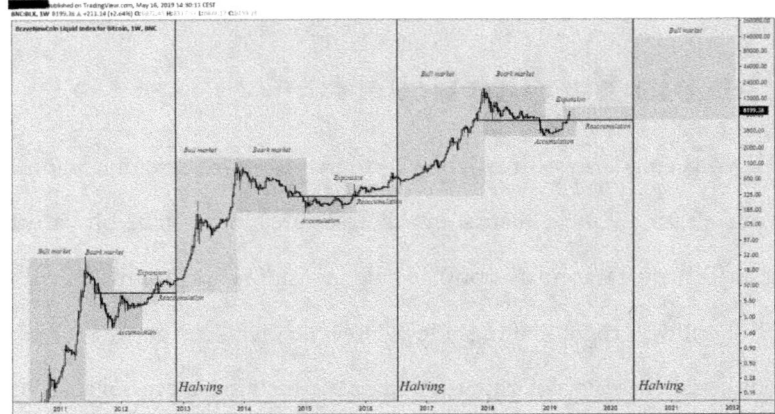

---

[25] https://medium.com/coinmonks/how-the-bitcoin-halving-impacts-bitcoins-price-ac7ba87706f1

Bitcoin neden değişkendir?

Bitcoin hala "fiyat keşif aşamasında", yani piyasa o kadar hızlı büyüyor ki Bitcoin'in gerçek değeri bilinmiyor. Bu nedenle, algılanan değer piyasayı yönetir (Bitcoin oynaklığını yönetecek herhangi bir kuruluşun olmamasıyla daha da artar) ve algılanan değer haberlerden, söylentilerden vb. çok kolay etkilenir. Sonunda, Bitcoin daha az değişken hale gelecek, ancak kesinlikle biraz zaman alabilir.

Bitcoin'e yatırım yapmalı mıyım?

Bitcoin'e yatırım yapmanız gerekip gerekmediği sorusu sadece Bitcoin'in değil, sizin de meselesidir. Bitcoin, spekülatif ve değişken bir varlık olduğu için doğal bir risk taşır ve potansiyel yükseliş çok büyük olsa da, iki ucu keskin risk ve ödül kılıcı akılda tutulmalıdır.

Yapabileceğiniz en iyi şey, Bitcoin, kripto para birimleri ve blok zinciri (bu tür konulardaki eğilimler ve gerçek dünyadaki gelişmelerin yanı sıra) hakkında mümkün olduğunca çok şey öğrenmek ve bu bilgileri risk toleransınıza, finansal durumunuza ve yatırım kararınızı etkileyebilecek diğer değişkenlere dahil etmektir.

Bitcoin'e nasıl başarılı bir şekilde yatırım yapabilirim?

Bu 5 kural, Bitcoin'e başarılı bir şekilde yatırım yapmanıza yardımcı olacaktır, çünkü para ve ticaret duygusal deneyimlerdir:

- Hiçbir şey sonsuza kadar sürmez
- Hayır olurdu, olmalıydı, olabilirdi
- Duygusal olmayın
- Çeşitlendirmek
- Fiyatlar önemli değil

Hiçbir şey sonsuza kadar sürmez

2021'in başlarındaki bu yazı itibariyle, kripto piyasası bir balonun içinde. Bu bir kripto iyimserliği olarak söyleniyor. İnsanların elde ettiği inanılmaz getiriler ve neredeyse tüm madeni paraların inanılmaz yükseliş eğilimleri sürdürülemez; Bu sonsuza kadar devam ederse, herkes herhangi bir şeye para yatırabilir ve büyük bir kâr elde edebilir. Bu, pazarın sıfıra gideceği veya büyümeyi sağlayan kavramların başarısız olacağı anlamına gelmez; Ben sadece, bir noktada, muazzam büyümenin yavaşlayacağını iddia ediyorum. Bu, hızlı bir çarpışma durumunda olduğu gibi yavaş ve kademeli veya hızlı olabilir. Tarihsel olarak Bitcoin, en büyüğü 2017'nin sonlarında, 2019'un Mart-Temmuz aylarında ve yine Kasım 2020'den bu yazının yazıldığı Nisan 2021'e kadar meydana gelen büyük boğa koşularını içeren döngüler boyunca faaliyet göstermiştir. Bahsedilen boğa koşularında Bitcoin sırasıyla kabaca 15 kat (2017), 3 kat (2019) arttı ve şimdi mevcut boğa koşusunda 10 kat arttı ve artmaya devam ediyor. Bitcoin'in 15 kattan fazla arttığı önceki bir durumda, bir sonraki yılın daha iyi bir kısmı 20 binden 4 bine düştü. Bu, önce büyük bir yükseliş trendine sahip olan ve ardından daha yüksek diplere düşen söz konusu Bitcoin döngüleri fikrini destekliyor. Bunun birkaç anlamı var: Birincisi, Bitcoin çöküyorsa tutmak iyi bir bahis. İkincisi, siz bu yazıyı okurken Bitcoin ve kripto piyasası yükseliyorsa, muhtemelen önümüzdeki birkaç yıl içinde bir noktada düşecektir. Siz bunu okurken düşüyorsa, önümüzdeki birkaç yıl içinde gerçekten büyük bir şekilde artacaktır. Tabii ki, piyasa ekosistemi değişebilir, ancak bu tam olarak belirtilmesi gereken noktadır. Kripto para birimlerinin kitlesel olarak benimsendiğini ve paranın, işin ve genel yaşamın tüm yönlerinin ayrılmaz bir parçası haline geldiğini varsayarsak, *bir noktada istikrar kazanması gerekecektir*. Bu nokta 2021, 2023 veya 2030'da olabilir. En azından eski haline göre, biraz daha az değişken bir piyasaya girmeden önce muhtemelen birkaç kez çökecek ve yükselecektir.

Hayır olurdu, olmalıydı, olabilirdi

Bu kural, popüler ve efsanevi bir hisse senedi tüccarı ve *Mad Money* şovunun sunucusu Jim Cramer'dan alınmıştır. Bu konsept, hayatın her kesiminden bahsetmiyorum bile, tüm yatırımlarda işe yarar ve #31 kuralla bağlantılıdır. Fikir, hayır olmazdı, olmazdı ve olamazdı ile temsil edilir. Bu, kötü bir ticaret yaparsanız, ondan nasıl öğrenebileceğinizi ve gelişebileceğinizi düşünmek için birkaç dakikanızı ayırın; Sonra, o birkaç dakikadan sonra, ne *yapacağınızı*, ne yapmanız *gerektiğini* veya ne yapabileceğinizi düşünmeyin . Bu, aynı anda akıl sağlığınızı korurken öğrenmenize ve gelişmenize izin verecektir, çünkü günün sonunda her zaman daha iyisini yapabilirdiniz. Kayıplar konusunda kendinizi hırpalamayın ve kazançların kafanıza girmesine izin vermeyin.

Duygusal Olmayın

Duygu, teknik ticaretin antitezidir. Teknik ticaret, mevcut ve gelecekteki eylemleri geçmiş verilere dayandırır ve ne yazık ki piyasa nasıl hissettiğinizi umursamaz. Duygu, çoğu zaman ("değil", sadece kötü bir süreçle iyi bir karar vermenin rastgele ortaya çıkması nedeniyle) yalnızca size zarar verecek ve geliştirdiğiniz ticaret stratejilerinden uzaklaşacaktır. Bazı insanlar, ticaretin riski ve duygusal rollercoaster'ı konusunda doğal olarak rahattır; Eğer değilseniz, ticaretin psikolojisi hakkında bilgi edinmeyi düşünebilirsiniz (çünkü duyguları anlamak kabul, rasyonellik ve kontrolün öncülüdür) ve sadece kendinize zaman tanıyarak. Temel analiz ve orta-uzun vadeli ticaret hala tüm bunları gerektirir, ancak daha az derecede.

Çeşitlendirmek

Çeşitlendirme riske karşı koyar. Ve bildiğimiz gibi, kripto risklidir. Kripto para birimlerine yatırım yapan herkes hem belirli bir risk seviyesini varsayar hem de muhtemelen arar (risk-getiri dengesi ilkesi nedeniyle), (muhtemelen) rahat olmadığınız belirli bir risk seviyesine sahipsiniz. Çeşitlendirme, bu maksimum risk yükü içinde kalmanıza yardımcı olur. Benzersiz durumunuz hakkında konuşamasam da, herhangi bir kripto yatırımcısına, bir projeye ne kadar inanırsanız inanın, biraz çeşitlendirilmiş bir portföy sürdürmelerini tavsiye ederim. Fon tahsisi (genellikle) Bitcoin, Etherium veya ETH alternatifleri (Cardano, BNB vb.) ve çeşitli altcoinler ve bir miktar nakit arasında bölünmelidir. Kesin yüzdeler bireysel duruma göre değişmekle birlikte (35/25/30/10, 60/25/10/5, 20/20/40/20, vb.), çoğu profesyonel bunun yatırım yapmanın, piyasa genelinde kazanç elde etmenin ve bir veya birkaç yanlış karar nedeniyle portföyünüzün büyük bir yüzdesini kaybetme şansınızı azaltmanın en sürdürülebilir yolu olduğu konusunda hemfikirdir. Bununla birlikte, bazı yatırımcıların yalnızca bir veya iki ilk 50 kriptoya para yatırdığını ve paralarının çoğunu küçük hacimli altcoinlere yatırdığını söyledi. Günün sonunda, durumunuza, kaynaklarınıza ve kişiliğinize uyan bir strateji oluşturun ve ardından bu stratejinin sınırları içinde çeşitlendirin.

Fiyat Önemli Değil

Arz ve başlangıç fiyatının her ikisi de belirlenebildiğinden fiyat büyük ölçüde önemsizdir. Binance Coin'in (BNB) 500 dolarda ve Ripple'ın (XRP) 1,80 dolarda olması, XRP'nin 277x BNB değerinde olduğu anlamına gelmez; Aslında, iki coin şu anda birbirlerinin piyasa değerinin %10'u içinde. Bir kripto para birimi ilk oluşturulduğunda, arz varlığın arkasındaki ekip tarafından belirlenir; Ekip 1 trilyon jeton veya 10 milyon jeton yaratmayı seçebilir. XRP ve BNB'ye baktığımızda, Ripple'ın dolaşımda yaklaşık 45 milyar jetona sahip olduğunu ve Binance Coin'in 150 milyona sahip olduğunu görebiliriz. Bu şekilde, fiyat gerçekten önemli değil. 0,0003 ABD Doları tutarındaki bir madeni para, piyasa değeri, dolaşımdaki arz, hacim, kullanıcılar, fayda vb. açısından 10.000 ABD Doları değerindeki bir madeni paradan daha değerli olabilir. Yatırımcıların fiyattan bağımsız olarak bir madeni paraya veya jetona herhangi bir miktarda para yatırmasına olanak tanıyan kesirli hisseler nedeniyle fiyat daha da az önemlidir. Diğer birçok metrik çok daha önemlidir ve fiyattan önce düşünülmelidir. Bununla birlikte, fiyatlar psikolojinin bir sonucu olarak fiyat hareketini etkileyebilir. Örneğin: Bitcoin'in 50.000 dolarda güçlü bir direnci var ve bu direncin çoğu, 50.000 doların birçok insanın alış emri vereceği ve satacağı güzel, yuvarlak bir sayı olduğu gerçeğinden kaynaklanıyor olabilir. Bu ve diğerleri gibi durumlar aracılığıyla psikoloji, fiyat hareketinin ve dolayısıyla analizin uygulanabilir bir parçasıdır.

Bitcoin'in gerçek değeri var mı?

Hayır, Bitcoin'in gerçek bir değeri yoktur. Bitcoin ile ilgili hiçbir şey onun bir değeri olmasını gerektirmez; bunun yerine, değer kullanıcı tarafından oluşturulur. Bununla birlikte, böyle bir tanıma göre, altın veya gümüş standardı tarafından desteklenmeyen dünyanın tüm para birimlerinin de içsel bir değeri yoktur (önemsiz olan maddi kullanım dışında). Bu nedenle, bir anlamda, tüm paraların yalnızca herhangi bir derecede değeri vardır, çünkü öyle olduğu konusunda hemfikiriz ve Bitcoin'in içsel değeri olmadığı için Bitcoin'e karşı veya Bitcoin'in kullanımı için herhangi bir argüman fiat para birimlerine de uygulanmalıdır.

Bitcoin vergilendirilir mi?

Söylendiği gibi, vergilerden kaçınamayız ve böyle bir fikir, endüstrinin görünüşte anonim ve düzenlenmemiş doğasına rağmen kripto para birimi için kesinlikle geçerlidir. En doğru bilgi için, ülkenizdeki dijital para birimi vergisi hakkında daha fazla bilgi edinmek için vergi tahsilat kuruluşunuzun web sitesini ziyaret etmelisiniz. Bununla birlikte, aşağıdaki bilgiler ABD tarafından belirlenen kurallara ışık tutmaktadır:

- 2014 yılında IRS, sanal para birimlerinin para birimi değil mülk olduğunu ilan etti.

- Kripto para birimleri mal veya hizmetler için ödeme olarak alınırsa, adil piyasa değeri (USD cinsinden) gelir olarak vergilendirilmelidir.

- Bir madeni para veya jetonu bir yıldan fazla tutarsanız, uzun vadeli kazanç olarak sınıflandırılır ve bir yıl içinde alıp satarsanız, bu kısa vadeli bir kazançtır. Kısa vadeli kazançlar, uzun vadeli kazançlardan daha yüksek vergilere tabidir.

- Sanal para madenciliğinden elde edilen gelir, serbest meslek geliri olarak kabul edilir (söz konusu kişinin bir çalışan olmadığı varsayılarak) ve dijital para birimlerinin ABD doları cinsinden gerçeğe uygun eşdeğer değerine göre serbest meslek vergisine tabidir. 3.000$'a kadar kayıp muhasebeleştirilebilir.

• Dijital para birimleri satıldığında, kar veya zararlar, tıpkı bir hisse senedi satılmış gibi sermaye kazancı vergisine tabidir (dijital para birimleri mülk olarak kabul edildiğinden).

Bitcoin 7/24 işlem yapıyor mu?

Bitcoin 7/24 çalışır. Bu, büyük ölçüde, gerçekten kıtalararası bir araç olarak tüm dünyada kullanılması gerektiği ve zaman dilimleri göz önüne alındığında, 7/24 çalışma dışında hiçbir şeyin bu kriterleri karşılamayacağı gerçeğinden kaynaklanmaktadır. Ayrıca bunu yapmamak için herhangi bir teşvik de yok.

Bitcoin fosil yakıt kullanıyor mu?

Evet, Bitcoin fosil tarlaları kullanır. Aslında, birçok fosil yakıtlı enerji santrali, kripto para madenciliği yapmak için gereken gücü sağlamada yeni bir hayat buldu. Bitcoin, küresel elektrik üretiminin yaklaşık %0,55'ine eşdeğer, yalnızca hesaplama gereksinimleri yoluyla küçük bir ülke kadar güç kullanır. Açıkçası, Bitcoin kullanıcıları ve madencileri fosil yakıtları kullanmak istemiyorlar ve yenilenebilir enerji kaynaklarına geçiş önemli bir hedef, ancak aynı şey gazla çalışan arabaları kullanmak ve Bitcoin'den daha fazla fosil yakıt tüketen çok sayıda diğer günlük faaliyetler için de söylenebilir. Sorun gerçekten görüşe bağlı; Bitcoin'i istikrarsız finansal ekosistemlerde insanlara yardımcı olan ve işlemlerde daha fazla güvenlik ve gizlilik sağlayan dünyada öncü bir güç olarak görenler, %0,55'lik bir küresel enerji kullanımından endişe duymayacaklar (özellikle temiz enerjiye uzun vadeli bir geçiş vaadi göz önüne alındığında), Bitcoin'i değersiz veya bir aldatmaca olarak görenlerin tam tersini hissetmesi muhtemeldir. Bazı kripto para alternatiflerinin Bitcoin'den (Cardano, ADA), karbon nötr (Bitgreen, BITG) veya karbon negatiften (eGold, EGLD) çok daha az karbon yoğun olduğu unutulmamalıdır.

Bitcoin 100 bine ulaşacak mı?

Bitcoin'in madeni para başına 100.000 dolara ulaşması muhtemeldir. Bu, yakında olacağı veya kesin bir şey olduğu anlamına gelmez; sadece Bitcoin'in deflasyonist doğası, tarihsel getirileri, benimseme eğilimleri (ilgileniyorsanız, teknolojideki "S" eğrisini araştırın) ve fiat enflasyonu hakkındaki veriler, olası olarak 100.000 dolara bir fiyat artışı sağlıyor. Önemli olan 100.000 dolara ulaşıp ulaşmayacağı değil, ne zaman 100.000 dolara ulaşacağıdır. Bu tür tahminlerin çoğu, en iyi ihtimalle, eğitimli spekülasyonlardır.

Bitcoin 1 milyona ulaşacak mı?

100.000 doların aksine, Bitcoin'in 1 milyon dolara ulaşması ciddi bir ölçek gerektiriyor. eToro CEO'su Iqbal Grandha, Bitcoin'in madeni para başına 1 milyon dolar değerinde olana kadar potansiyelini yerine getirmeyeceğini, çünkü o zaman her Satoshi'nin (Bitcoin'in bölünebileceği en küçük bölüm) 1 dolar değerinde olacağını söyledi. Ölçek ekonomileri ve dünya çapında kitlesel benimseme potansiyeli göz önüne alındığında (böyle bir durumda, Bitcoin evrensel bir rezerv para birimi olarak hareket edecektir), fiyatın 1 milyon dolara ulaşması mümkündür. Bununla birlikte, başka bir kripto para biriminin yanı sıra devlet destekli sabit paralar veya dijital para birimleri de bu noktayı kolayca alabilir. Kombinasyon halinde, fiat para birimlerinin enflasyonist olduğu ve Bitcoin'in deflasyonist olduğu unutulmamalıdır. Bu fiyat dinamiği, uzun vadede 1 milyon doları çok daha olası kılıyor. Bununla birlikte, nihayetinde, ne olması gerektiğini kimse tahmin edemez ve madeni para başına 1 milyon dolarlık bir değerleme spekülatif kalır.

Bitcoin bu kadar hızlı yükselmeye devam edecek mi?

Hayır. Kelimenin tam anlamıyla imkansız. Bitcoin, son 10 yılda yatırımcılara yılda yaklaşık %200 getiri[26] sağladı ve bu da on yılda yüzde 5,2 milyonluk bir getiri sağlıyor. Bu yazının yazıldığı sırada Bitcoin'in piyasa değeri göz önüne alındığında, %200'lük sürekli bir bileşik artış, 4 ila 5 yıl içinde dünyanın tüm para arzını aşacaktır. Bu nedenle, Bitcoin'in yükselmeye devam etmesi tamamen mümkün olsa da, mevcut büyüme oranı son derece sürdürülemez. Uzun vadede, büyümenin düzleşmesi ve oynaklığın azalması muhtemeldir.

---

[26] CaseBitcoin tarafından hesaplandığı gibi %196,7

Bitcoin fork'ları nedir?

Fork, başka bir blok zincirinden yeni bir blok zincirinin oluşturulmasıdır. Bitcoin'in 105 çatalı vardı ve bunların en büyüğü günümüz Bitcoin Cash'i. Çatallanmalar, bir algoritma iki farklı sürüme bölündüğünde ortaya çıkar. İki çeşit çatal vardır. Hard fork, ağdaki tüm düğümler blok zincirinin daha yeni bir sürümüne yükseltildiğinde ve eski sürümü geride bıraktığında meydana gelen bir çatallanmadır; Daha sonra iki yol oluşturulur: yeni sürüm ve eski sürüm. Soft fork, eski ağı geçersiz kılarak bununla tezat oluşturur; Bu, yalnızca bir blok zinciri ile sonuçlanır.

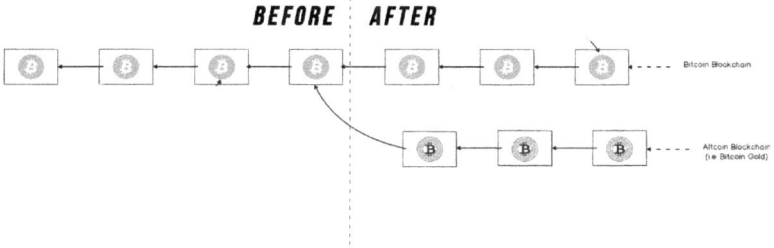

---

[27] Egidio.casati'nin bir görüntüsüne göre, CC BY-SA 4.0
<https://creativecommons.org/licenses/by-sa/4.0>

Bitcoin neden dalgalanıyor?

Borsada olduğu gibi, fiyat talep ve arza göre yükselir ve düşer. Talep ve arz, sırayla, blok zincirinde bir bitcoin üretmenin maliyetinden, haberlerden, rakiplerden, iç yönetişimden ve balinalardan (büyük sahipler) etkilenir. Bitcoin'in neden bu kadar değişken olduğu hakkında bilgi için lütfen konuyla ilgili çok sayıda diğer soruya bakın.

Bitcoin cüzdanları nasıl çalışır?

Kripto cüzdanı, kripto varlıklarını yönetmek için kullanılan arayüzdür. Coinbase cüzdanı ve Exodus yaygın cüzdanlardır. Bir hesap, sırayla, blok zincirinde depolanan fonlarınızı kontrol edebileceğiniz bir çift genel ve özel anahtardır. Basitçe söylemek gerekirse, cüzdanlar, tıpkı bir banka gibi, varlıklarınızı sizin için saklayan hesaplardır.

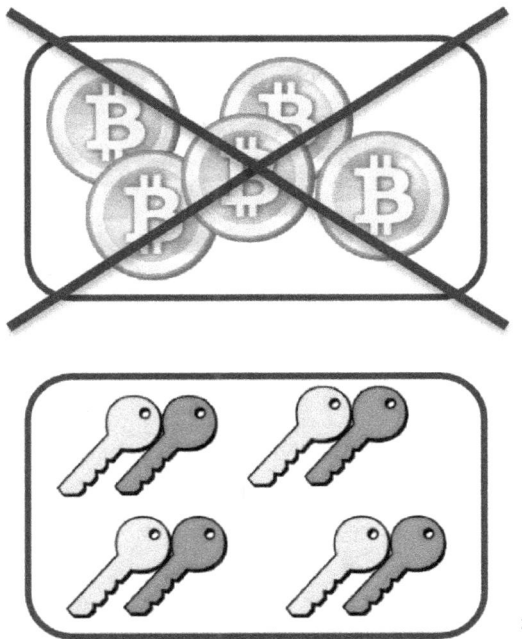

*Cüzdanlar bozuk para içermez. Cüzdanlar, varlıklara erişim sağlayan özel ve genel anahtar çiftleri içerir.

---

[28] Matthäus Gezintisi / CC BY-SA 3.0)

Bitcoin tüm ülkelerde çalışıyor mu?

Bitcoin, merkezi olmayan bir bilgisayar ağıdır; Tüm adresler engellenemez ve bu nedenle web bağlantısı olan her yerden erişilebilir. Bitcoin'in yasa dışı olduğu ülkelerde (en büyüğü Çin ve Rusya'dır), hükümetin yapabileceği tek şey altyapıyı (özellikle madencilik çiftlikleri) ve Bitcoin kullanımını çökertmektir. Rusya gibi yerlerde, Bitcoin aslında düzenlenmemiştir, bunun yerine Bitcoin'in mal ve hizmetler için ödeme olarak kullanılması yasa dışıdır. Diğer ülkelerin çoğu bu modeli takip ediyor, çünkü yine Bitcoin'in kendisini engellemek imkansız. Aslında, SEC'den Hester Peirce, "hükümetlerin Bitcoin'i yasaklamasının aptalca olacağını" belirtti. Bu göz önüne alındığında, Bitcoin'in tüm ülkelerde çalıştığı sonucuna varılabilir, ancak belirli birkaç ülkede madeni paraya sahip olmak veya kullanmak yasa dışıdır.

Kaç kişinin Bitcoin'i var?

En iyi tahmin[29], şu anda sayıyı yaklaşık 100 milyon küresel sahibine yerleştiriyor ve bu da her 55 yetişkinden yaklaşık 1'ini oluşturuyor. Bununla birlikte, kripto ağlarının anonim doğası göz önüne alındığında gerçek sayı bilinemez. Kullanıcı büyümesinin yüksek çift haneli olduğu, Bitcoin'in günde birkaç yüz bin işlem yaptığı, 2+ milyar insanın Bitcoin'i duyduğu ve toplamda yaklaşık yarım milyar Bitcoin adresinin bulunduğu söylenebilir.

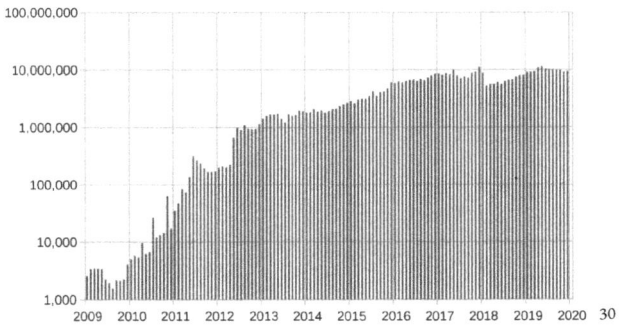

*2020 itibarıyla aylık Bitcoin işlem sayısı.

---

[29] buybitcoinworldwide.com
[30] Ladislav Mecir / CC BY-SA 4.0

En çok Bitcoin'e sahip olan kim?

Bitcoin'in gizemli kurucusu Satoshi Nakamoto, en çok Bitcoin'e sahip. Birden fazla cüzdanda 1,1 milyon BTC tutuyor ve bu da ona on milyarlarca net değer veriyor. Bitcoin'ler 180.000 dolara ulaşırsa, Satoshi Nakamoto dünyanın en zengin insanı olacak. Satoshi Nakamoto'nun ardından, Winklevoss ikizleri ve çeşitli kolluk kuvvetleri en büyük sahipler (FBI, 2013'te kapatılan bir internet blak pazarı olan Silk Road'un varlıklarına el koyduktan sonra en büyük Bitcoin sahiplerinden biri oldu).

Algoritmalarla Bitcoin ticareti yapabilir misiniz?

Bu soruyu cevaplamak için, Kripto Para Birimi Teknik Analizi hakkındaki kitaplarımdan birinden bir alıntı ekleyeceğim. Tüm temelleri kapsar ve birkaç sayfadan fazla yer kaplar, bu yüzden kısa bir cevap arıyorsanız, yapabileceğinizi söyleyeceğim, ancak bu zor.

Algoritmik ticaret, sizin için para kazanması için bir bilgisayar alma sanatıdır. Ya da en azından amaç bu. Algo tüccarları, argoda olduğu gibi, ticaret yapmak için bir temel olarak kullanıldığında kâr getiren bir dizi kural belirlemeye çalışır. Bu kurallar seçildiğinde ve tetiklendiğinde, kod bir emir yürütür. Örneğin: üstel hareketli ortalama geçişleri (EMA'lar) ile işlem yapmayı sevdiğinizi varsayalım. Bitcoin'in 12 günlük EMA'sının 50 günlük EMA'yı geçtiğini gördüğünüzde, 0,01 bitcoin yatırım yaparsınız. Ardından, genellikle %5 kar elde ettiğinizde satarsınız veya işe yaramazsa kayıplarınızı %5 oranında azaltırsınız. Tercih edilen bu ticaret stratejisini algoritmik ticaret kurallarına dönüştürmek çok kolay olacaktır. Bitcoin'in tüm verilerini izleyecek, tercih ettiğiniz EMA geçişi sırasında 0,01 bitcoin'inizi yatıracak ve ardından %5 kâr veya %5 zararla satacak bir algoritma kodlarsınız. Bu algoritma siz uyurken, yemek yerken, kelimenin tam anlamıyla 7/24 veya belirlediğiniz bir süre boyunca sizin için çalışır. Yalnızca tam olarak ayarladığınız gibi işlem yaptığı için; Risk konusunda çok rahatsınız. Algoritma her 100 işlemden sadece 51'inde çalışsa bile, teknik olarak kar elde ediyorsunuz ve herhangi bir iş yapmadan sonsuza kadar devam edebilirsiniz. Veya daha fazla veriye başvurabilir ve algoritmanızı 55/100 veya 70/100 çalışacak şekilde geliştirebilirsiniz. On yıl sonra, artık güneşli bir kumsalda tropikal meyve suyu yudumlarken her günün her saniyesinde para kazanan bir multi-trilyonersiniz.

Ne yazık ki, o kadar kolay değil, ama algoritmik ticaret kavramı bu. Bir makineyle ticaret yapmanın gerçekten güzel varsayımsal yönü, gelir tavanının pratik olarak sınırsız (veya en azından son derece ölçeklenebilir) olmasıdır. Aşağıdaki tabloyu göz önünde bulundurun. Bu, belirli koşullar yerine getirildiğinde günde 200 kez işlem yapan bir algoritmanın görselleştirilmesidir. Algoritma, yukarıdaki örnekte olduğu gibi pozisyondan %5 kâr veya %5 zararla çıkacaktır. Algoritmaya çalışması için 10.000$ verdiğinizi ve portföyün %100'ünün her ticarete yatırıldığını varsayalım. Kırmızı, kârsız bir ticareti (%5 kayıp) ve yeşil, iyi bir ticareti, %5'lik bir kazancı ifade eder.

Grafiğe göre, bu algoritma zamanın sadece %51'inde doğrudur. Bu dakika çoğunluğunda, 10.000$'lık bir yatırım sadece bir günde 11.025$, 30 günde 186.791,86$ olacak ve tam bir yıllık ticaretten sonra sonuç 29.389.237.672.608.055.000$ olacaktır. Bu, dolaşımdaki her bir ABD dolarının toplam değerinin kabaca 783 katı olan 29 kentilyon dolar. Açıkçası, bu işe yaramazdı. Bununla birlikte, şimdi aynı kurallar göz önüne alındığında, algoritmanın zamanın sadece %50,1'inde karlı bir ticaret yaptığını varsayalım, bu da her 1.000'den 1'inin ekstra karlı olduğu anlamına gelir. 1 yıl sonra bu algoritma 10.000 doları 14.400 dolara çevirir. 10 yıl sonra, 400.000 doların biraz altında ve 50 yıl sonra 835.437.561.881,32 dolar. Bu 835 milyar dolar (Moneychimp'in bileşik faiz hesaplayıcısı ile kendiniz kontrol edin)

Bu oldukça kolay görünüyor. En az %50,1 kârlı bir algoritma bulana kadar algoritmaları test etmek için geçmiş verileri kullanın, 10 bin dolar kazanın ve çocuklarınız trilyoner olsun. Ne yazık ki, bu işe yaramıyor ve işte algoritmik tüccarların karşılaştığı zorluklardan bazıları:

Hata

En belirgin zorluk, hatasız bir algoritma oluşturmaktır. Günümüzde birçok hizmet, süreci çok daha kolay hale getiriyor ve çok fazla kodlama deneyimi gerektirmiyor, ancak bazıları hala bir miktar kodlama becerisi ve geri kalanı bir dereceye kadar teknik bilgi gerektiriyor. Tahmin edebileceğiniz gibi, bir algoritma oluşturmadaki herhangi bir yanlış adım oyunun bitmesine neden olabilir.* Bu nedenle, kodlamayı gerçekten bilmiyorsanız, muhtemelen kendiniz kodlamamalısınız, bu durumda muhtemelen yine de bir arkadaşınıza danışmalısınız!

Öngörülemeyen Veriler

Bir bütün olarak teknik analizde olduğu gibi, tarihsel kalıpların tekrarlanma olasılığının yüksek olduğu beklentisi, algoritmik ticaretin dayandığı temeldir. Siyah Kuğu olayları* ve haberler, küresel kriz, üç aylık raporlar vb. gibi öngörülemeyen faktörlerin tümü bir algoritmayı bozabilir ve önceki bir stratejiyi kârsız hale getirebilir.

Uyarlanabilirlik eksikliği

Öngörülemeyen verilerin zorluğu, yeni, bağlamsal veriler verilen koşullara uyum sağlayamama ile birleşir. Bu şekilde, manuel güncellemeler gerekebilir. Bu sorunun çözümü açıkça öğrenen, geliştiren ve test eden yapay zekadır, ancak bu gerçeklikten uzaktır ve eğer işe yarasaydı, muhtemelen pazar için o kadar da iyi olmazdı, çünkü birkaç etkili oyuncu kendi kullanımları için para kazanabilir (gerçek bir para basma makinesi olacağı göz önüne alındığında) veya herkesle paylaşabilir. bu durumda kendi kendini yok etme mücadelesi (aşağıda) geçerlidir.

kayma, volatilite ve flaş çökmeleri.

Algoritmalar belirli kurallara göre oynadığından, oynaklık yoluyla "kandırılabilir" ve kayma yoluyla kârsız hale getirilebilirler. Örneğin, küçük bir altcoin saniyeler içinde yukarı veya aşağı yüzde birkaç sıçrayabilir. Bir algoritma, fiyatın önceki fiyata veya daha yükseğe geri dönmesine rağmen, fiyatın limit satış emrine ulaştığını ve tasfiyeyi tetiklediğini görebilir.

Kendini yok etme

Mevcut tüm verileri sıralayan, mümkün olan en iyi ticaret algoritmalarını tanımlayan, bunları uygulamaya koyan ve koşullara uyum sağlayan akıllı bir yapay zekanın varsayımsal oluşumunda, bu tür birden fazla yapay zeka kendi ticaret stratejilerini ortadan kaldıracaktır. Örneğin: bu yapay zekalardan 1 milyon tanesinin mevcut olduğunu varsayalım (gerçekten, satın alınabilir hale gelirse bundan çok daha fazla insan onu kullanır). Tüm AI'lar hemen en iyi algoritmayı keşfedecek ve üzerinde işlem yapmaya başlayacaktı. Bu gerçekleşirse, ortaya çıkan hacim akışı stratejiyi işe yaramaz hale getirecektir. Aynı senaryo, yapay zeka olmadan bugün de gerçekleşiyor. Gerçekten iyi ticaret stratejilerinin birden fazla kişi tarafından keşfedilmesi, daha sonra artık karlı veya eskisi kadar karlı olmayana kadar kullanılması ve paylaşılması muhtemeldir. Bu şekilde, gerçekten iyi stratejiler ve algoritmalar kendi ilerlemelerini engeller.

Dolayısıyla, algoritmik ticaretin mükemmel, 4 saatlik bir çalışma haftası, tropikal tatil getiren, para basma makinesi olmasını engelleyen zorluklar bunlardır. Bununla birlikte, algoritmalar kesinlikle hala karlı olabilir. Birçok büyük firma ve şirket, işlerini yalnızca karlı ticaret algoritmalarına dayandırır. Bu nedenle, ticaret botları kolay para olarak düşünülmemelidir, ancak yeterli zaman ve çaba sağlanırsa ustalaşılabilecek bir disiplin olarak görülmelidir. İşte algoritmik ticaretin bazı önemli noktaları ve nasıl başlayabileceğiniz:

Geriye dönük test

Algoritmalar belirli bir girdi alıp buna göre tepki verdiğinden, algo tüccarları algoritmalarını geçmiş verilere karşı geriye dönük test edebilir. Örneğin, önceki örneklerden yola çıkarak, Trader X, EMA geçişleri üzerinde işlem yapan bir algoritma yapmak isterse, Trader X, algoritmayı tüm piyasanın var olduğu her yıl boyunca çalıştırarak test edebilir. Getiriler daha sonra çizilecek ve bölünmüş test yoluyla

Trader X, masaya hiç para koymadan tarihsel olarak işe yaradığı kanıtlanmış bir formül bulabilir. Bu şekilde, kendi algoritmalarınızı test edebilir ve genel getirileri nasıl etkilediklerini görmek için farklı değişkenlerle oynayabilirsiniz. Bir ticaret algoritması oluşturmayı ve kullanmayı denemek için şu web sitelerine göz atın:

Risk Kontrolü

Geriye dönük test, riski azaltmanın harika bir yoludur. En iyi alternatif, stop loss'ların ve takip eden stop-loss'ların disiplinli ve araştırılmış kullanımıdır. Bu araçların her ikisi de risk yönetimi bölümünde detaylandırılmıştır.

Basitlik

Birçok kişi, bir düzine veya daha fazla olmasa da birden fazla gösterge, model veya osilatör içeren karmaşık, çok katmanlı kod gerektiren algoritma ticareti kavramlarına sahiptir. Bilinmeyenler açıklanamasa da, hem profesyoneller hem de profesyonel olmayanlar tarafından kullanılan başarılı algoritmaların çoğu şaşırtıcı derecede karmaşık değildir. Çoğu, bir göstergeyi veya belki de ikisinin kombinasyonunu içerir. Algoritmik ticarete giriyorsanız bu yerleşik rotayı izlemenizi öneririm, ancak bununla birlikte, son derece karmaşık ve üstün bir algoritma keşfederseniz, ilk kaydolan ben olacağım!

*Kredi: Kitap, Kripto Teknik Analizi

Bitcoin geleceği nasıl etkileyecek?

Bitcoin, blok zincirinin ilk başarılı büyük ölçekli kullanım örneğiydi; Blockchain'in geleceği nasıl etkileyeceği sorusu, çoğu daha önce ele alınmış olan Bitcoin'in potansiyel etkisinden çok daha büyük bir sorudur. Blok zincirinin (ve buna bağlı olarak Bitcoin'in) büyük bir etkiye sahip olacağı veya sahip olacağı alanlar şunlardır:

- Tedarik zinciri yönetimi.
- Lojistik yönetimi.
- Güvenli veri yönetimi.
- Sınır ötesi ödemeler ve işlem araçları.
- Sanatçı telif hakkı takibi.
- Tıbbi verilerin güvenli bir şekilde saklanması ve paylaşılması.
- NFT pazar yerleri.
- Oylama mekanizmaları ve güvenlik.
- Doğrulanabilir gayrimenkul mülkiyeti.
- Emlak Piyasası.
- Fatura mutabakatı ve uyuşmazlık çözümü.
- Bilet.
- Finansal garantiler.
- Olağanüstü durum kurtarma çabaları.
- Tedarikçileri ve distribütörleri birbirine bağlamak.

- Kaynak izleme.
- Vekaleten oy kullanma.
- Kripto para birimi.
- Sigorta kanıtı / Sigorta poliçeleri.
- Sağlık/Kişisel veri kayıtları.
- Sermaye erişimi.
- Merkeziyetsiz Finans
- Dijital Kimlik
- Proses / Lojistik Verimlilik
- Veri doğrulama
- Talep işleme (sigorta).
- IP koruması.
- Varlıkların ve finansal araçların dijitalleştirilmesi.
- Hükümetin mali yolsuzluğunun azaltılması.
- Çevrimiçi oyun.
- Sendikasyon kredileri.
- Ve dahası!

Bitcoin paranın geleceği mi?

Bitcoin'in kendisinin "paranın geleceği" olup olmadığı sorusu spekülasyondur; Asıl soru, Bitcoin'in arkasındaki teknolojinin ve Bitcoin'in teşvik ettiği sistemlerin paranın geleceği olup olmadığıdır.

Eğer öyleyse, bir bütün olarak kripto para birimine ve Bitcoin'e yatırım yapmak (Bitcoin'deki % cinsinden büyüme potansiyeli, halihazırda içindeki para hacmi göz önüne alındığında daha küçük madeni paralara göre sınırlı olsa da) çok iyi bir bahistir.

Bitcoin'i besleyen ana teknoloji blok zinciridir ve Bitcoin'in teşvik ettiği genel sistem ademi merkeziyetçiliktir. Her iki alan da çok sayıda genişleyen kullanım durumunda patlıyor ve her biri, ödemelerden işe ve oylamaya kadar hayatın her yönünü etkileme potansiyeline sahip. Capgemini Engineering'den alıntı yapmak gerekirse, "[blockchain] finans, sağlık, tedarik zinciri, yazılım ve devlet sektörlerinde emniyet ve güvenliği önemli ölçüde artırıyor." Blockchain teknolojisini kullanan şirketler arasında amazon (AWS aracılığıyla), BMW (lojistikte), Citigroup (finansta), Facebook (kendi kripto para biriminin yaratılması yoluyla), General Electric (tedarik zinciri), Google (BigQuery ile), IBM, JPmorgan, Microsoft, Mastercard, Nasdaq, Nestlé, Samsung, Square, Tenent, T-Mobile, Birleşmiş

Milletler, Vanguard, Walmart ve daha fazlası.[31] Blok zinciri tarafından desteklenen veya blok zinciri etrafında toplanan genişletilmiş müşteri ve ürünler, blok zincirinin internet ve çevrimdışı hizmetlerin temel bir yönü haline gelmesine işaret ediyor. Tüm bunlar göz önünde bulundurulduğunda, Bitcoin kripto para birimleri içinde bir etkiye sahip olmakla sınırlı değildir, daha ziyade bir blok zinciri çağını başlatabilir ve muhtemelen başlatacaktır. Bitcoin'in paranın ve ödemelerin geleceği olması açısından önemli olan soru, hükümetlerin Bitcoin ve kripto para tehdidine nasıl tepki vereceğidir. Çin gibi bazıları kendi dijital para birimlerini geliştirebilir. El Salvador gibi bazıları Bitcoin'i yasal ihale haline getirebilir. Diğerleri ise kripto para birimlerini görmezden gelebilir veya yasaklayabilir. Hükümetler ne şekilde tepki verirse versin, tepki vermek zorunda kalacakları gerçeği, Bitcoin'in şu ya da bu şekilde dijital ve blok zinciri odaklı varlıkların başarılı bir şekilde uygulanması yoluyla dünyanın finansal manzarasını tamamen değiştirecek amiral gemisi olduğu anlamına geliyor.

---

[31] Forbes tarafından yapılan araştırmaya dayanmaktadır.

Bitcoin milyarderi kaç kişidir?

Kripto alanında ve hatta sadece kripto ağında kaç milyarder olduğunu bilmek zordur, çünkü varlıklar genellikle birden fazla hesaba bölünür. Bununla birlikte, borsalar hariç, 1 milyar dolar veya daha fazla eşdeğeri tutan yirmi Bitcoin adresi ve 500 milyon dolar veya daha fazla eşdeğeri olan seksen Bitcoin adresi vardır.[32] 500 milyon ila 1 milyar dolar değerindeki cüzdanların çoğu, Bitcoin dalgalanmasına paralel olarak 1 milyar doları geçebildiğinden ve belirtildiği gibi, Bitcoin satan veya varlıklarını birden fazla cüzdana bölen sahipler dahil edilmediğinden, bu sayı kolayca dalgalanabilir. Bununla birlikte, en az iki düzine hesabın ve en az 1 düzine kişinin Bitcoin'e yatırım yaparak 1 milyar dolardan fazla kazandığını söylemek güvenlidir. Düzinelerce daha fazlası, diğer kripto para birimlerine yatırım yaparak yüz milyonlarca veya milyarlarca dolar kazandı.

---

[32] "En Zengin 100 Bitcoin Adresi ve ...." https://bitinfocharts.com/top-100-richest-bitcoin-addresses.html.

Gizli Bitcoin milyarderleri var mı?

Satoshi Nakamoto, gizli ve anonim bir Bitcoin milyarderinin en iyi örneğidir. Yukarıdaki soruda (kaç kişi Bitcoin milyarderi?), en az 1 düzine insanın Bitcoin'e yatırım yaparak bir milyar dolar kazandığı sonucuna vardık. Bu sayı ve popüler Bitcoin milyarderlerinin sayısının bir elin parmaklarını geçmediği gerçeği göz önüne alındığında (şirketler hariç bireysel insanlar), dünya çapında birkaç Bitcoin sahibinin ilgi odağının dışında kalan Bitcoin milyarderleri olduğu tahmin ediliyor. Bu düşünceyi göz önünde bulundurarak, bir noktada gününüze devam ediyor ve gizli bir Bitcoin milyarderi ile yolunuz kesişmiş olabilir.

Bitcoin ana akım benimsemeye ulaşacak mı?

Bu ilginç bir soru. Şu anda, dünyanın yaklaşık %1'i Bitcoin kullanıyor, ancak bu Amerika gibi yerlerde %20'ye ve dünyanın diğer bölgelerinde %0'a kadar düşüyor. Bir kripto para biriminin ana akım ve kitlesel olarak benimsenmesi için bir tür faydaya hizmet etmesi gerekir. Genel olarak, kripto para birimleri bir değer deposu olarak faydalıdır; bir işlem yöntemi veya ağlar ve merkezi olmayan organizasyonlar oluşturmak için bir çerçeve olarak. Bitcoin açık ara en büyük ve en değerli kripto para birimidir, ancak aslında bu kategorilerin hiçbirinde en iyi kripto para birimi değildir. Bu nedenle, Bitcoin Bitcoin olsa da (daha iyi oturan ve daha güzel görünen bir Rolex'ten daha ucuz bir saat satın alabileceğiniz gibi, ancak yine de Rolex'i tercih edersiniz) ve Bitcoin markası onu çok ileri götürdü ve götürecek, dünyadaki kripto para birimleri arasında kalıcı lider olması pek olası değil. Bununla birlikte, marka değeri ve ölçeği göz önüne alındığında, kripto para birimi alanındaki mevcut kullanım eğilimleri ve kullanım durumları göz önüne alındığında, kesinlikle kitlesel ve ana akım benimsemeye ulaşabilir.

Bitcoin diğer kripto para birimleri tarafından ele geçirilecek mi?

Bunu cevaplarken yukarıdaki soruya atıfta bulunacağım. Bitcoin, ölçek ve marka açısından çok büyük olsa da, aslında kripto alanındaki hiçbir şeyde en iyisi değil. En iyi değer deposu değil, para göndermek ve almak için en iyisi değil ve kripto kullanıcılarının çalışması ve üzerine inşa etmesi için bir çerçeve ve ağ olarak en iyisi değil. Bu nedenle, kısa vadede, Bitcoin'in saf markası ve 1 trilyon dolarlık devasa piyasa değeri göz önüne alındığında, devralınması pek olası değil. Bununla birlikte, on yıllar veya yüzyıllar içinde, onu besleyen değer parçalandıkça diğer kripto para birimleri tarafından geçilmesi muhtemeldir.

Bitcoin PoW'dan değişebilir mi?

Evet, Bitcoin kesinlikle bir PoW (proof-of-work) sisteminden değişebilir. Ethereum, PoW'da başladı ve 2021'in sonlarında PoS'a (proof-of-stake) geçmesi bekleniyor. Anahtar, Ethereum'u çok daha az enerji yoğun ve daha ölçeklenebilir hale getirecek. Bitcoin için böyle bir geçiş kesinlikle mümkün ve çoğu kişi PoW'dan uzaklaşmanın kaçınılmaz olduğunu düşünüyor.

Bitcoin ilk kripto para birimi miydi?

Satoshi Nakamoto'nun kötü şöhretli Bitcoin teknik incelemesi 2008'de yayınlandı ve Bitcoin'in kendisi 2009'da piyasaya sürüldü. Bu olaylar, kendi türlerinin ilk örneği olarak bilinir; Bu sadece kısmen doğrudur.

1980'lerin sonlarında, Hollanda'daki bir grup geliştirici, yaygın nakit hırsızlığını önlemek için parayı kartlara bağlamaya çalıştı. Kamyon şoförleri nakit yerine bu kartları kullandılar; Bu belki de elektronik paranın ilk örneğidir.

Hollanda deneyi ile aynı zamanda, Amerikalı kriptograf David Chaum, devredilebilir ve özel bir belirteç tabanlı para birimini kavramsallaştırdı. Şifrelemede kullanılmak üzere "kör edici formülünü" geliştirdi ve 1988'de iflas eden DigiCash şirketini kurdu.

1990'larda, birden fazla şirket DigiCash'in başaramadığı yerlerde başarılı olmaya çalıştı; Bunlardan en popüleri Elon Musk'ın PayPal'siydi. PayPal, çevrimiçi olarak kolay P2P ödemelerini tanıttı ve değerli madalyalar karşılığında çevrimiçi kredi sunan e-altın adlı bir şirketin kurulmasına neden oldu (e-altın daha sonra hükümet tarafından kapatıldı). Ek olarak, 1991 yılında araştırmacılar Stuart

Haber ve W. Scoot Stornetta blok zinciri teknolojisini tanımladı. Birkaç yıl sonra, 1997'de Hashcash projesi, yeni madeni paralar üretmek ve dağıtmak için bir iş kanıtı algoritması kullandı ve birçok özellik Bitcoin protokolünde sona erdi. Bir yıl sonra, geliştirici Wei Dai (Ether'in en küçük mezhebi olan Wei'nin adını almıştır), B-money adı verilen "anonim, dağıtılmış bir elektronik nakit sistemi" fikrini ortaya attı. B-money, kullanıcıların para gönderip alabilecekleri merkezi olmayan bir ağ sağlamayı amaçlıyordu; Ne yazık ki, hiçbir zaman yerden kalkmadı. B-money whitepaper'ından kısa bir süre sonra Nick Szabo, tam bir PoW (proof-of-work) sistemi üzerinde çalışan Bit Gold adlı bir proje başlattı. Bit altın, aslında, Bitcoin'e nispeten benzer. Tüm bu projeler ve daha onlarcası sonunda Bitcoin'e yol açtı; bu nedenle Bitcoin'in ona güç veren birçok kavram ve teknolojide gerçek bir ilk olduğu söylenemez. Bununla birlikte, Bitcoin kesinlikle ve şüphesiz ona güç veren tüm teknolojilerin ilk büyük ölçekli başarısıdır; Bitcoin'den önceki her bir şirket ve proje başarısız olmuştu, ancak Bitcoin diğerlerinin ötesine geçti ve üzerine inşa ettiği teknolojilere ve kavramlara doğru büyük bir küresel değişim başlattı.

Bitcoin Altına Bir Alternatiften Daha Fazlası Olacak mı ve Olabilir mi?

Bitcoin zaten altına bir alternatiften "daha fazlası"; Altından çok daha az sürtünme ile küresel bir işlem ağına güç verir ve sağlar. Bununla birlikte, Bitcoin, her ikisinin de değer deposu ve bir işlem aracı olarak düşünülmesi nedeniyle altınla çok daha karşılaştırılmalıdır. Bununla ilgili olarak, Bitcoin muhtemelen hiçbir zaman altına bir alternatiften başka bir şey olmayacak, çünkü kripto para birimindeki alternatif, kullanıcıların dApp'ler oluşturmak için solidity adı verilen programlama dilinden yararlanmalarına olanak tanıyan Ethereum gibi bir teknoloji ve platform haline geliyor. Bitcoin'in böyle bir şey yapması amaçlanmamıştır ve kesinlikle altından daha fazla faydası olsa da, bir şekilde "dijital altın" rolüne bürünmüştür.

Bitcoin'in Gecikmesi Nedir ve Önemli mi?

Gecikme, bir işlemin gönderildiği zaman ile ağın işlemi tanıdığı zaman arasındaki gecikmedir; Temel olarak, gecikme gecikmedir. Bitcoin'in gecikme süresi, her on dakikada bir yeni bir blok üretmek için tasarım gereği (TV yayınının 5-10 saniyesine göre) çok yüksektir. Gecikmeyi azaltmak, blokları doğrulamak için esasen daha az çalışma gerektirecektir ve bu da PoW'un ahlakına aykırıdır. Bu nedenle, Bitcoin'in gecikme süresi düşürülmemelidir. Bununla birlikte, alım satım gecikmesi, borsalar ve borsalardaki tüccarlar (özellikle arbitraj tüccarları) için bir sorundur; HFT (yüksek frekanslı ticaret) ve algoritmik ticaret kripto para piyasasına girdikçe, gecikme artan bir önem taşıyacaktır.

[33] Kaynak: blockchain.com

Bazı Bitcoin komplo teorileri nelerdir?

Bitcoin (ve özellikle Satoshi Nakamoto) komplo teorileri için olgun bir ortamdır; Sadece eğlence için, birkaçına bir göz atacağız. Çoğu komplo teorisi gibi aşağıdakileri tamamen kurgusal olarak düşünün ve hiçbiri inandırıcı değildir:

1. *Bitcoin, NSA veya başka bir ABD istihbarat teşkilatı tarafından yaratılmış olabilir.* Bu muhtemelen en yaygın Bitcoin komplosudur; Bitcoin'in ABD hükümeti tarafından yaratıldığını ve düşündüğümüz kadar özel olmadığını iddia ediyor. Bunun yerine, NSA'nın görünüşe göre SHA-256 algoritmasına arka kapı erişimi var ve bu erişimi kullanıcıları gözetlemek için kullanıyor.

2. *Bitcoin bir yapay zeka olabilir.* Bu teori, Bitcoin'in, kullanıcıları ağını büyütmeye teşvik etmek için ekonomik amacını kullanan bir yapay zeka olduğunu belirtir. Bazıları yapay zekayı bir devlet kurumunun yarattığına inanıyor.

3. *Bitcoin, dört büyük Asya şirketi tarafından yaratılmış olabilir.* Bu teori tamamen Samsung'daki "sa", Toshiba'dan "toshi", Nakamichi'den "naka" ve Motorola'dan gelen "moto"nun bir arada Bitcoin'in gizemli kurucusu Satoshi

Nakamoto'nun adını oluşturması gerçeğine dayanıyor. Bunun için oldukça sağlam bir kanıt.

Neden diğer coin'lerin çoğu Bitcoin'i takip ediyor?

Bitcoin esasen kripto para birimleri için rezerv para birimidir veya borsa için Dow ve S&P'ye benzer. Kripto para piyasasındaki değerin yaklaşık %50'si yalnızca Bitcoin'e aittir ve Bitcoin, dünyanın en çok kullanılan ve en iyi bilinen kripto para birimidir. Bu nedenlerden dolayı, Bitcoin ticaret çiftleri, diğer tüm kripto para birimlerinin değerini Bitcoin'e bağlayan Altcoin satın almak için en çok kullanılan çifttir. Bitcoin'in düşmesi, Altcoin'lere daha az para yatırılmasına neden olurken, Bitcoin'in yükselmesi, Altcoin'lere daha fazla para yatırılmasına neden olur. Bu nedenlerden dolayı, çoğu (hepsi değil) madeni paralar genellikle (her zaman değil) Bitcoin'in genel yükseliş/düşüş eğilimlerini takip eder.

Bitcoin Cash nedir?

Daha önce de belirtildiği gibi, Bitcoin'in bir ölçek sorunu var: ağ, küresel bir benimseme durumunda mevcut olan büyük miktarda işlemi idare edecek kadar hızlı değil. Bunun ışığında, Bitcoin madencileri ve geliştiricilerinden oluşan bir kolektif, 2017'de bir Bitcoin hard fork'u başlattı. Bitcoin Cash (BCH) adı verilen yeni para birimi, blok boyutunu (2018'de 32 MB'a) yükseltti, böylece ağın Bitcoin'den daha fazla ve daha hızlı işlem yapmasına izin verdi. BCH, Bitcoin'in yerini alacak veya değiştirmeye yaklaşmayacak olsa da, büyük bir sorunu çözen bir alternatiftir ve orijinal Bitcoin'in aynı sorunu çözmek için nasıl bir yol izleyeceği sorusu çözülmeyi beklemektedir.

---

[34] Georgstmk / CC BY-SA 4.0

Bitcoin resesyon sırasında nasıl hareket edecek?

Bitcoin'in bir durgunluk sırasında iyi performans gösterme şansı yüksektir, ancak bu kesin bir cevap değildir; Bitcoin, 2008 konut krizinden çıktı, ancak o zamandan beri henüz sürekli ve büyük bir ekonomik gerileme yaşamadı (COVID sayılmaz). Birçok yönden, Bitcoin altının dijital eşdeğeri olarak hizmet eder ve altın durgunluk dönemlerinde (özellikle 2007'den 2012'ye kadar) tarihsel olarak iyi performans göstermiştir ve Bitcoin'in kıtlığı ve merkezi olmayan doğası, onu bir durgunluk sırasında güvenli liman yatırımı haline getirebilir. Bitcoin'in tarihsel olarak daha küçük ölçekli krizler sırasında yükseldiğini de belirtmek gerekir: Brexit, 2013 Kongre Krizi ve COVID. Bu nedenle, daha önce iddia edildiği gibi, Bitcoin muhtemelen bir durgunluk sırasında iyi performans gösterecektir (bir durgunluk, insanların yatırım yapacak parası kalmayacak kadar kötüleşmediği sürece, bu durumda Bitcoin'in yanı sıra tüm varlıkların da kırmızı dışında bir şey yaşama şansı çok azdır). Her iki durumda da, bir durgunluk durumunda, Bitcoin dışındaki çoğu kripto para birimi (özellikle daha küçük altcoinler) kesinlikle büyük kayıplar yaşayacaktır; çoğu pratik olarak haritadan silinecek. Böyle bir senaryo, genel piyasa için çok sağlıklı olan altcoinler için büyük bir filtre olayı olacaktır.

Bitcoin uzun vadede hayatta kalabilir mi?

Dikkat edilmesi gereken, Bitcoin'in uzun vadede ne ölçüde ayakta kalacağı; ve benimseme ve kullanımın ne ölçüde artacağı. Ne olursa olsun, Bitcoin önümüzdeki birkaç on yıl boyunca bir ölçekte var olacak; Önümüzdeki birkaç yüzyıl boyunca geniş ölçekte sürme şansı, daha yeni rekabet ve Bitcoin alternatifleri göz önüne alındığında olası değildir. Yine de, kripto para birimleri etrafta olduğu sürece kesinlikle en iyi kripto para birimi olarak kalabilir (özellikle aydınlatma ağı gibi yükseltmeler uygulanırsa); Önceki olasılık, yalnızca türünün ilk türünün genellikle türünün en iyisi olmadığı ve tarih boyunca çoğu para biriminin zamanın önemli bir bölümünde (ölçekte) dayanmadığı gerçeğine dayanmaktadır.

Bitcoin ve kriptoların nihai hedefi nedir?

Kripto para biriminin nihai vizyonu aşağıdakileri gerçekleştirir:

1. Özellikle Bitcoin için, kullanıcıların merkezi bir kuruma güvenmeden, bunun yerine kriptografik kanıtlara güvenerek internet üzerinden güvenli bir şekilde para göndermelerini sağlamak.
2. Aracılara olan ihtiyacı ortadan kaldırın ve tedarik zincirleri, bankalar, emlak, hukuk ve diğer alanlardaki sürtünmeyi azaltın.
3. Fiat para birimlerinin enflasyonist, vahşi batı (fiat para birimleri altın standardından çıkarıldığından beri hükümet kontrolü açısından) ortamının karşılaştığı tehlikeleri ortadan kaldırın.
4. Üçüncü taraf kurumlara güvenmeden kişisel varlıklar üzerinde tamamen güvenli kontrol sağlayın.
5. Tıbbi, lojistik, oylama ve finans alanlarında blok zinciri çözümlerinin yanı sıra bu tür çözümlerin geçerli olabileceği her yerde etkinleştirin.

Bitcoin kripto para birimi olarak kullanılamayacak kadar pahalı mı?

Mutlak fiyat, kripto para birimleri için (ve diğer kitaplarda yazdığım gibi hisse senetleri için) büyük ölçüde önemsizdir. Bu cevap ticaret kurallarının başka bir yerinde ele alınmış olsa da, aşağıdaki ilgili bölümü özetleyeceğim:

Arz ve başlangıç fiyatının her ikisinin de belirlenebildiği/değiştirilebildiği göz önüne alındığında, fiyatın kendisi bağlam olmadan büyük ölçüde önemsizdir. Binance Coin'in (BNB) 500 dolar ve Ripple'ın (XRP) 1,80 dolar olması, XRP'nin BNB'nin değerinin 277 katı değerinde olduğu anlamına gelmez; İki coin şu anda birbirlerinin piyasa değerinin %10'u içinde. Bir kripto para birimi ilk oluşturulduğunda, arz varlığın arkasındaki ekip tarafından belirlenir. Ekip 1 trilyon jeton veya 10 milyon jeton yaratmayı seçebilir. XRP ve BNB'ye baktığımızda, Ripple'ın dolaşımda yaklaşık 45 milyar jetona sahip olduğunu ve Binance Coin'in 150 milyona sahip olduğunu görebiliriz. Bu şekilde, fiyat gerçekten önemli değil. 0,0003 ABD Doları tutarındaki bir madeni para, piyasa değeri, dolaşımdaki arz, hacim, kullanıcılar, fayda vb. açısından 10.000 ABD Doları değerindeki bir madeni paradan daha değerli olabilir. Yatırımcıların fiyattan bağımsız olarak bir madeni paraya veya jetona herhangi bir miktarda para yatırmasına olanak tanıyan kesirli hisselerin ortaya çıkması nedeniyle fiyat daha da az önemlidir. Fiyatın tek büyük etkisi, Bitcoin ve altcoin ticareti yaparken incelenmesi gereken psikolojik etkide yatmaktadır.

Bitcoin ne kadar popüler?

Dünyanın en az %1,3'ü şu anda Bitcoin'e sahip ve bu da var olan yarım milyar Bitcoin adresini hesaba katarak onu oldukça popüler kılıyor. Bu sayı, nüfusun %14'ü ve yetişkinlerin %21'i olan 46 milyon Amerikalıyı [35] içerirken, başka bir araştırma Avrupalıların %5'inin Bitcoin'e sahip olduğunu buldu.[36] Bununla birlikte, daha da önemlisi, üstel artış oranıdır. 2014 yılında bir milyondan az Bitcoin cüzdanı

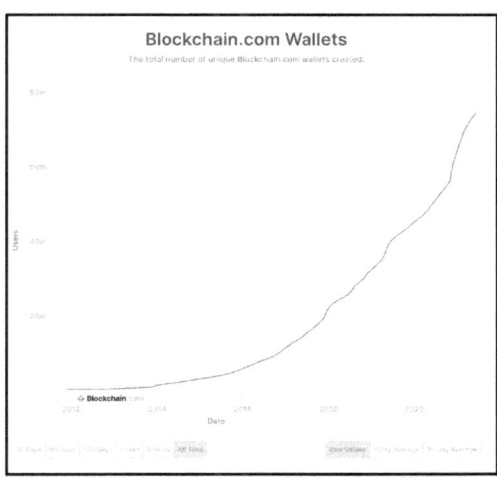

vardı, bu da o zamandan beri 75 kat artış ve yılda 10 kat (%1.000) büyüme oranını temsil ediyor.

---

[35] "Amerika Birleşik Devletleri Demografik İstatistikleri ...."
https://www.infoplease.com/us/census/demographic-statistics.

[36] "• Grafik: Kaç Tüketici Kripto Para Birimine Sahip? | Statista." 20 Ağustos 2018, https://www.statista.com/chart/15137/how-many-consumers-own-cryptocurrency/.

[37] Bu tür eğilimler durma belirtisi göstermiyor ve büyüme, eğer bir şey varsa, sadece toparlanıyor. Özetle, Bitcoin oldukça popülerdir ve önümüzdeki birkaç on yıl içinde kitlesel benimsemenin devrilme noktasına ulaşması muhtemeldir.

---

[37] "Blockchain.com." https://www.blockchain.com/. Erişim tarihi: 9 Haziran 2021.

Kitaplar

- Bitcoin'de Ustalaşmak – Andreas M. Antonopoulos
- Paranın İnterneti - Andreas M. Antonopoulos
- Bitcoin Standardı – Saifedean Ammous
- Kripto Para Çağı – Paul Vigna
- Dijital Altın – Nathaniel Popper
- Bitcoin Milyarderleri – Ben Mezrich
- Bitcoin ve Blok Zincirlerinin Temelleri – Antony Lewis
- Blockchain Devrimi – Don Tapscott
- Kripto Varlıklar - Chris Burniske ve Jack Tatar
- Kripto Para Çağı - Paul Vigna ve Michael J. Casey

Değişim

- Binance - binance.com (ABD'de ikamet edenler için binance.us)
- Coinbase – coinbase.com
- Kraken – kraken.com
- Kripto – crypto.com
- İkizler – gemini.com
- eToro – etoro.com

Podcast'ler

- Bitcoin Ne Yaptı Peter McCormack (Bitcoin)
- Anlatılmamış Hikayeler (ilk hikayeler)
- Unchained – Laura Shin (röportajlar)
- Baselayer by David Nage (tartışmalar)
- The Breakdown – Nathaniel Whittemore (kısa)
- Kripto Kamp Ateşi Podcast'i (rahat)
- Ivan on Tech (güncellemeler)
- HASHR8 ile Whit Gibbs (teknik)
- Ryan Selkis'in Niteliksiz Görüşleri (röportajlar)

Haber Servisleri

- CoinDesk – coindesk.com
- CoinTelegraph – cointelegraph.com
- BugünOnChain – todayonchain.com
- NewsBTC – newsbtc.com
- Bitcoin Dergisi – bitcoinmagazine.com
- Kripto Tahtası – cryptoslate.com
- Bitcoin.com – news.bitcoin.com
- Blockonomi – blockonomi

Grafik Hizmetleri

- Ticaret Görünümü – tradingview.com
- CryptoView – cryptoview.com
- Altrady – Altrady.com
- Coinigy – Coinigry.com
- Madeni Para Tüccarı - Cointrader.pro
- Kripto İzleme – Cryptowat.ch

YouTube Kanalları

·· Benjamin Cowen

   Hatps://vv.youtube.com/channel/ukrvak-ux-w0soig

·· Ofis Köşesi

   Hatps://vv.youtube.com/c/koinbureyu

·· Forsinekler

   https://www.youtube.com/c/Forflies

·· Veri Dash

   Hatps://vv.youtube.com/c/datadash

·· Sheldon Evans

Hatps://vv.youtube.com/c/sheldonevan

·· Anthony Pompliano

   Hatps://vv.youtube.com/channel/usevspell8knynav-nakz4m2w

- Nişan Taşı

  https://www.youtube.com/channel/UC7S9sRXUBrtF0nKTvLY3fwg/abou t

- Tarla kuşu Davis

  Hatps://vv.youtube.com/channel/ucl2okaw8hdar_kbkidd2kal ia

- Altcoin Günlük

  https://www.youtube.com/channel/UCbLhGKVY-bJPcawebgtNfbw

www.ingramcontent.com/pod-product-compliance
Lightning Source LLC
LaVergne TN
LVHW010328070526
838199LV00065B/5685